ÖSTERREICH

Kulinarische Entdeckerreise

Gerda Rob

ÖSTERREICH
Kulinarische Entdeckerreise

Mit 75 Rezepten,
exklusiv fotografiert
für dieses Buch
von
Hans Joachim Döbbelin

SIGLOCH
Edition

Zum Titelbild auf Seite 2:
Die österreichische Küche ist nicht nur ein Spiegelbild dessen, was sich in
Jahrhunderten in den einzelnen Landschaften an Eigenständigem ausgebildet hat.
Sie hat auch viele Gustostückerln aus dem ehemaligen Vielvölkerstaat für sich
vereinnahmt, etwas österreichisch eingefärbt zwar, doch oft noch dem Namen nach
unverkennbare Importe. Landschaft und Ortschaften im Burgenland, dem jüngsten
Bundesland Österreichs, lassen schon äußerlich die Nähe Ungarns erkennen.
Das Foto zeigt ein Bauernhaus in Mörbisch am Neusiedler See.

Lizenzausgabe für WISO Buchvertrieb GesmbH
© Sigloch Edition, Am Buchberg 8, D-74572 Blaufelden
www.sigloch.de
Nachdruck verboten. Alle Rechte vorbehalten, Printed in Latvia.
Papier: 135 g/m^2 nopaCoat gloss, Nordland Papier AG, Dörpen
Bindearbeiten: Sigloch Buchbinderei, Blaufelden
ISBN 3-89393-226-7

Bei Genießern zu Tisch

Der Zufall, das Schicksal, die Weltgeschichte – oder wofür immer man es halten mag – haben den österreichischen Urkeim just dort auf die Landkarte verpflanzt, wo sich Europas alte Saumpfade kreuzten. Im Licht der Jahrtausende betrachtet, war dies ein lärmerfüllter, ein windiger, ein fatal unruhiger und ein höchst unbequemer Platz. Wann immer eine Schar Menschen zwischen dem Mittelmeer und der Ostsee, zwischen den Ufern des Atlantiks und den Kämmen des Urals von heftiger Wander- oder Eroberungslust ergriffen wurde, geriet das waldreiche Land am Kreuzweg unter die Sohlen der Marschierer. Und das war hart genug, ob es sich nun um die Fußfelle der Jäger, die Sandalen der römischen Soldaten, die Bundschuhe der Völkerwanderer oder um viele Generationen von Stiefeln handelte.
Andererseits saßen die Ur-Ur-Österreicher in den denkbar besten Startlöchern: äußerst zentral und „mitten in dem Salze", das man damals schon mit Fug und Recht „weißes Gold" nannte. Und wie alle Völker, die in der Geschichte auftraten, verschiedene Möglichkeiten, Begabungen und Begierden mitbrachten, verspürte man auch hierzulande ein stark entwickeltes Talent zu Handel, Wandel und Machtausübung, das bestätigt sein wollte. Also begab man sich auf die Pirsch und nicht ohne Erfolg, wie die Geschichte zeigt. Allerdings – und das ist der positive Aspekt der österreichischen Chronik – zog man es sehr oft vor, nur mit Herz und Kopf und ohne Schwert zu erobern. Spätestens seit Kaiser Maximilian lag die Devise „Alii bella gerunt, tu felix Austria nube" – andere mögen Kriege führen, du, glückliches Österreich, heirate – auf der Hand, und das Haus Österreich mit seiner Kennerschaft von allem, was das Leben genußreich macht, befolgte sie. Man folgte dem Drang einer wohlgeleiteten Liebe, manchmal allerdings auch der staatsmännischen Räson, und brachte fremde Kronen, fremde Erbinnen und fremde Köche als Morgengabe ein. Die ungarische Stefanskrone zum Beispiel. Die böhmische Wenzelskrone zum Beispiel. Man wußte, was man wollte, und strebte, von Sammelleidenschaft gepackt, und aus Vollständigkeitsgründen nach immer neuen Ergänzungen. Als Großmacht im frühen 20. Jahrhundert repräsentierte das Reich der Habsburger 52 Millionen Menschen, sechzehn Kulturen, ein Dutzend Sprachen und ein Dutzend Küchen. 1918 jedoch, als die Erfolgskurve steil nach unten fiel und alle Herrlichkeit in Nachfolgestaaten zerbröckelte, zogen sich 45 Millionen Menschen hinter neu gezogene Grenzpfähle des klein gewordenen Österreich zurück und nahmen elf Sprachen und elf Kulturen mit fort in eine teilweise schon lange ersehnte Freiheit. Einziges Generalerbe eines sechshundertjährigen Glanzes blieben Minoritäten, Kalamitäten und als Lichtblick die vereinigten Küchen des Kaiserreiches: die österreichisch-ungarische, böhmische, mährische, kroatische, slowenische, dalmatinische, bosnische, italienische, rumänische, polnische und galizische Küche.
Kein Wunder, daß sich das zusammengeschmolzene Häuflein der Restösterreicher nun mit Feuereifer des einzig erfreulichen Erbteiles bemächtigte und kennerisch alle *Gustostükkerln* aus der großen Rezeptauswahl angelte. Sie färbten alle Speisen ein wenig österreichisch ein, taten Kräuter daran, gaben den Gerichten heimische Namen oder zumindest heimische Vornamen und wurden nicht müde, so lange und so laut die Urheberschaft zu beteuern, bis alle Welt von ihr überzeugt war.
Österreich?
Ein Land für Genießer!
Beschrieb doch Josef Weinheber in „Wien wörtlich" das Mittagmahl eines heimischen Phäaken so trefflich:

... Ein Hühnersupperl tadellos,
ein Beefsteak in Madeirasoß,
ein Schweinspörkölt, ein Rehragout,
Omletts mit Champignon dazu,
hernach ein bisserl Kipferlkoch
und allenfalls ein Torterl noch ...

Wie alles anfing?
Früh fing alles an!
Aus der Jungsteinzeit, so zwischen 5000 und
1800 v. Chr., als die ersten Dauersiedlungen
auf heute österreichischem Boden entstanden,
gibt es über die Eßgewohnheiten der Pfahlbauern noch wenige Zeugnisse. Immerhin wissen
wir, daß sie bereits um 2500 v. Chr. Löffel aus
Ton, Holz und Knochen hatten, daß sie Fisch-
fang betrieben, auf die Jagd gingen, allerlei
Küchenkräuter und wilde Beeren kannten und
Karotten aßen.
Der kontinuierliche Ackerbau setzte aber erst
um das Jahr 1000 v. Chr. ein, und die Illyrer der
Hallstattzeit tauschten bereits ihr Salz gegen
Olivenöl aus dem Süden, sie betrieben Vieh-
zucht und bauten Hirse, Gerste und Sauboh-
nen an. Schlemmer dürften sie jedoch nicht gerade gewesen sein, denn als rund um Christi
Geburt die Römer das ganze Gebiet des heutigen Österreich in Besitz nahmen, erschienen
ihnen die örtlichen Eßgewohnheiten schlicht-
weg barbarisch. Schrieb doch Cassius Dio in einem Brief über die damaligen Ostösterreicher
der römischen Provinz Pannonien nach Hause:
„Sie führen das allerkümmerlichste Leben, da
sie weder guten Boden noch gutes Klima haben
und kein Öl, keinen Wein – oder nur sehr wenig
und von geringer Güte – bauen, da den größten Teil des Jahres die grimmigste Kälte bei ihnen herrscht. Gerste und Hirse ist ihre Speise
und zugleich ihr Trank. Dagegen sind sie das
tapferste Volk, das wir kennen, sie sind sehr jäh-
zornig und mordsüchtig, da das Leben ihnen
überhaupt nicht viel Reiz bietet."

*Auf Salz gebaut ist nicht nur das Städtchen
Hallstatt an seinem zauberhaften See, sondern
auch manche andere Stadt im Salzkammergut.*

Gerste und Hirse waren also die Wurzeln für all die Sterze, Breie, Schmarren, Nocken, Nudeln und Knödel, für all die mit Mehlspeisen so reich gesegnete österreichische Küche. Natürlich nahm sich der Speisezettel unserer Altvorderen am römischen Maß gemessen ungemein karg aus. Zur selben Zeit, als Lucius Licinius Lucullus in seiner Villa bei Tusculum die berühmt üppigen Gastmähler veranstaltete, als die zehn Bücher der Kochkunst des Epikureers Marcus Gavius Apicius erschienen und sich die kaiserlich-römischen Schlemmer an Austern und Trüffeln, an Kranichragouts und numidischen Dattelhühnern, an Schildkrötensuppe, Milchmastschnecken und Papageiengehirnen delektierten, aß man hierzulande, was Feld, Wald und Wasser boten, ohne jede kulinarische Phantasie.

Mehr aus rationellen Bestrebungen denn aus Mitleid begannen die Römer jedoch ihr Halbjahrtausend an der Donau zu nützen. Sie ließen große Flächen roden und verwandelten weithin die Naturlandschaft in Kulturlandschaft. Rebhügel entstanden, Obstkulturen wurden angelegt, Bienenzucht wurde betrieben. Die ersten Spargel kamen mit den römischen Legionären nach Norden und die erste Ahnung von exotischen Gewürzen. Fast hätte man glauben können, es sei eine Idylle gewesen. Aber Idyllen hatten in der Geschichte niemals lange Bestand und auch damals nicht. Längst befanden sich die Völkerwanderer aus dem Norden und aus dem Osten, getrieben von den Hunnen, im Anmarsch.

Zwischen 375 und 976, sechshundert Jahre lang, trampelten mehr als fünfzehn verschiedene Volksgruppen alles Kultivierte wieder in den Boden. Sie zündelten und raubten, mordeten und plünderten, blieben aber letzten Endes doch in größeren Gruppen im Land, denn es

War es Bier, Met oder Wein, womit die »Österreicher« vor zweieinhalbtausend Jahren ihre feuchtfröhlichen Gelage begingen, wie es diese Darstellung auf einem bronzegetriebenen Eimergefäß aus Kuffern bei Herzogenburg in Niederösterreich zeigt.

schien ihnen vertrauenerweckend und sehr brauchbar.

Erst um die Jahrtausendwende durfte man wieder aufatmen, als die Babenberger den Versuch unternahmen, aus dem Chaos wieder ein Land zu formen und aus dem Schmelztiegel der Stämme ein Volk. Obwohl damals erstmals die Bezeichnungen „Ostarrichi" und „Vienni" fielen, muß man sich Österreich nicht in den heutigen Ausmaßen vorstellen. Ostarrichi reichte von Linz bis Hainburg und von Raabs bis zum Semmering. Eigenständige Marken und Herzogtümer, Bistümer und Grafschaften lagen im Süden und im Westen. Es war eine echte Gründer- und Konsolidierungszeit. Klöster wurden gebaut, mächtige Ritterburgen hoch auf den Hügeln, das Land wurde wieder nutzbar gemacht, und die Bevölkerung nahm rapide zu. Durchreisende Kreuzfahrer, die im 11. und 12. Jahrhundert längs der Donau nach Osten zogen, lobten bereits das reiche Wien. Es habe alles auf das trefflichste zubereitet und alles in Überfluß gegeben. Schon damals lieferten die Mühlen, hauptsächlich Klostermühlen, gutes Brotmehl, und gegen Ende des 12. Jahrhunderts tauchten die ersten Berufsbäcker in den Märkten und Städten auf. Im „Fürstenbuch von Österreich" war 1227 von *Kipferln* und *weißen Flecken* die Rede. Schon damals unterschied man Weißbrot und Schwarzbrot. Der „Herrenstand" ging mit Leidenschaft auf die Jagd, der Weinbau dehnte sich über die ganzen traditionellen österreichischen Weinbaugebiete aus, Geflügel gab es bereits in rauhen Mengen, und die Fischereirechte waren weitgehend festgeschrieben und geregelt. Die Babenberger indes heirateten, erbten, machten sich mit Gott und der Welt verwandt und bereiteten den Boden für die Habsburger vor, die Österreich von 1282 bis 1918 regierten. 1438 war erstmals Böhmen, Mähren, Ungarn und Österreich unter der Enns unter einer Herrschaft vereinigt.

Ob König Richard Löwenherz auch Kipferln und weiße Flecken zu essen bekam, als er 1192/93 hier auf Burg Dürnstein gefangengehalten wurde – wir wissen es nicht.

Wie man in jener Zeit zu essen verstand, berichtete Paolo Santonino, ein Begleiter des Bischofs von Caorle, von einem Besuch auf Burg Finkenstein in Kärnten: „Acht Gänge trug man auf: 1. Zwei gemästete Kapaune im eigenen Saft gedünstet. 2. Einen Hasen mit vielen Brathühnern und Lendenbraten vom Rind. 3. Rüben mit Speck. 4. Fleisch vom jungen Bären in Pfeffersoße. 5. Eierkuchen, mit Milch in der Pfanne gebacken, mit Safran gefärbt, mit Schweinefett und Gewürzen abgeschmolzen und übergossen. 6. Hasenfleisch, Hühnerklein und Hühnerleber. 7. Hirse in fetter Fleischsuppe gekocht, darüber viele fette Wachteln. 8. Eine Schüssel Rahm." Dies alles im Jahr 1486 ... Mag sein, daß uns heute nicht alles gemundet hätte, denn „man tat Zimt ans Fleisch und viele Nelken an den Fisch", um alles besonders wertvoll herauszuputzen, aber den Finkensteinern verdankt man auch eines der ganz frühen Süßspeiserezepte: gekochten Reis mit Mandelcreme übergossen und mit Mandelkernen besteckt.

Rasant erweiterte sich jedoch der kulinarische Horizont im Habsburgerreich um die Wende zum 16. Jahrhundert. Maximilian, „der letzte Ritter", Erzherzog, König und Kaiser, heiratete 1477 die Erbin von Burgund und 1494 die Erbin von Mailand. Zu Burgund gehörten damals auch die Franche-Comté mit ihren herrlichen Weinen, der Großteil von Flandern mit dem bedeutenden Handelsumschlagplatz Brügge, gehörten Brabant und Luxemburg sowie die Provinzen Picardie und Artois. Maximilians Sohn Philipp wiederum erheiratete mit der spanischen Erbin Johanna nicht nur Spanien, sondern auch das spanische Kolonialreich und die spanischen Besitzungen in Italien.

War das Leben bis Maximilian in Österreich eher bescheiden gewesen, lebte man von Mehl, Eiern, Milch und wenig Fleisch, in den Klöstern und Burgen vornehmlich von Fisch, Wild und Geflügel, so änderten sich nun die Eßgewohnheiten, ausgehend von Maximilians Hof in Innsbruck, sehr wesentlich.

Der Kaiser, Renaissancemensch und Schlemmer, brachte aus Burgund, das sich schon immer als Wiege der französischen Gastronomie hervortat, die Vorliebe für raffinierte Pasteten und gaumenkitzelnde Soßen mit, aus Flandern die Liebe zu gezuckerten Früchten, zu Konfekt und Konfitüren und aus Italien die Rezepte des Maestro Martino, der in den Banketten der italienischen Renaissance noch einmal den ganzen Prunk des antiken Rom auferstehen ließ. Unter Martino, der die erste Rezeptsammlung der Renaissance zusammenstellte, flossen auch arabische Erfahrungen in die Küche ein. Großzügig verwendete man Ingwer und Zimt, Rosinen und Datteln, Granatäpfel, Bitterorangen und Zucker. Die italienischen Teigwaren und die Reisgerichte, wahrscheinlich auch eine Art in Fett ausgebackene „Kuechleyn" – mögliche Vorgänger der Krapfen – waren damals in Maximilians Hauptstadt Innsbruck – die er immer Wien vorgezogen hatte – bekannt. Wenn Maximilian auch mit dem Import von Konfekt, „um das barbarisch Trinken einzuschränken", wenig Erfolg hatte, so darf man doch als gesichert annehmen, daß er es war, der die „feine Küche" nach Österreich brachte, aus deren Quellen auch die französische Haute Cuisine schöpfte. Als dann wenig später auch die „Zuggermacher" aus den Niederlanden und aus Spanien in die Wiener Residenz Einzug hielten, waren – mit Ausnahme der Kartoffeln – bereits alle Grundlagen der heutigen Küche beisammen.

Nachdem Maximilian I. 1477 Maria von Burgund geheiratet hatte und 1494 in zweiter Ehe Blanca Maria Sforza, die Erbin Mailands, zog in Österreichs Küchen der Duft der großen weiten Welt ein. Maximilian war ein großer Weidmann und wollte der Oberste Jägermeister des Heiligen Römischen Reiches sein. Die Hirschjagd auf der Langen Wiese bei Innsbruck ist eines der drei Farbbilder von Jörg Kölderer in dem Tiroler Jagdbuch, das im Auftrag Maximilians geschrieben wurde.

Abseits von Kaisers Küche und hochherrschaftlichen Tafeln aß auch das Volk nicht schlecht. Zwar deuten fast 60 erhalten gebliebene Rezepte über die bäuerliche Muszubereitung darauf hin, daß man auf dem Land noch immer aß, was man selbst erzeugte, aber die „Ausspeisungsordnung in einem neuerrichteten Spital" von 1556 gibt uns Aufschlüsse über einen durchschnittlichen Speisezettel: „Erstens an Fleischtagen, im allgemeinen während des ganzen Jahres, soll zum Morgenmahl Suppenfleisch, weißes Kraut und Speck darauf und Gerste in einer Fleischbrühe gegeben werden. Zum Nachtmahl eingemachtes oder Dampffleisch, Rübenkraut, oder in Sommerszeiten grünes Kraut, weiße oder gelbe Rüben, wie es die Jahreszeit bringt, jeden Tag abwechselnd ein Stück Fleisch darauf und dicke Gerste. Alle Sonntage, alle Fest- und Feiertage, auch alle Donnerstage und am letzten Fasnachtstag statt des eingemachten Fleisches einen Braten. An den Fasttagen am Morgen eine Suppe, weißes Kraut und jeder Person einen Hering dazu. Wenn keine Heringszeit ist, dann jeder Person ein gebackenes oder zwei gesottene Eier und ein Milchmus. Zum Nachtmahl eine Hafer-, Schmalz- oder Käsesuppe, Rübenkraut und dazu einen gebackenen oder in Zwiebel eingemachten Stockfisch, so es die Zeit gibt, oder jeder Person dafür ein gebackenes Ei oder zwei gesottene Eier und ein Hafermus. An den Feiertagen im Sommer zur Nacht einen Salat ...."

In das 16. Jahrhundert fielen auch die ersten erhalten gebliebenen österreichischen Kochbücher. So das handschriftliche Kochbuch der Philippine Welser, Gemahlin des Erzherzogs Ferdinand II. Die „Welserin", deren Feste auf Schloß Ambras in ganz Europa berühmt waren, kennt bereits Dutzende von Fleischgerichten, darunter allein drei Dutzend Schweinefleischgerichte, sie serviert zum Rindfleisch „Marrhettich" und schwelgt in „dorten", „basteten", Küchlein und Mandelmilch.

Zu denken, der *Tafelspitz mit Kren* wäre in Tirol geboren worden, mag Wienern wie ein böser Alptraum erscheinen. Aber leugnen läßt sich's dennoch nicht, daß die Tiroler Küche, historisch bedingt, in jener Zeit eine Nasenlänge voraus war.

Am Wiener Hof löste man indes glänzend alle dynastischen Probleme. Karl V., Sohn Johannas von Spanien und Philipps von Burgund, vereinigte alle habsburgischen Länder im Haus Österreich und schuf damit die mächtigste Dynastie Europas. Während die Türken vor Wien standen, zogen spanische Hofetikette und spanisches Hofzeremoniell in die Kaiserstadt ein. Fortan deckte man bei Hofe nach spanischer Sitte das Besteck nur mehr rechts neben dem Teller, man mochte auch die spanischen Zukkerbäcker, die im Umgang mit dem kanarischen Zucker große Meister waren, aber die übrige spanische Küche mochte man wohl nicht sehr. Außer der nahrhaften *Olla potrida,* einem Suppentopf mit Ingredienzien quer durch die ganze Küche, der noch im 19. Jahrhundert in Wien gekocht wurde, haben keine Rezepte überdauert.

Man darf annehmen, daß die „groß Schmauserey" im 16. Jahrhundert ihren ersten Höhepunkt erreichte. Mehrere Tage dauernde Festmähler waren keine Seltenheit, man wollte all die neuen Errungenschaften kosten, genießen, auftischen und am liebsten alle auf einmal. So weit gediehen war die Schlemmerei, daß Ferdinand I. 1542 durch Verordnung den Tafelluxus erheblich einschränkte: Grafen durften nur mehr vierzig Personen zum Gastmahl laden, Ritter, Bürger und Kaufleute nur vierundzwanzig und Handwerker und Bauern nur mehr sechzehn. Doch sehr wirkungsvoll war die Verordnung wohl nicht. Die Küchengeheimnisse des Hofes blieben längst nicht mehr auf einen kleinen Kreis beschränkt.

Fürsten und Grafen wollten essen, was der Kaiser aß.

Reiche Bürger wollten essen, was die Grafen aßen.

Handwerker und Bauern hatten genug von Brei und Sterz und Mus.

Da hielt man sich lieber an den steierischen Erzherzog Max, der in seinem nur achtundzwanzigjährigen Leben ein Schlemmer par excel-

wie man ain biber

schwantz sol ein machen

So nim den biber schwantz vnd die klaen vnd brüe
zu biß die ober haut herab gett so nim zu vnd das
die haut dar von vnd leg zu wider ins wasser
vnd seüt in vngefor 3 stundt bis er weyß wirt
zu wasser vnd wan er die ander haut laßt so
das zu herab vnd mach zu saubter vnd dan in
zu ain pfanen vnd geüß ain gutten wein dar ein
vnd laß zu sieden biß er lindt wirt alß ain muß
wan er schier gesotten ist so dar safern pfefer
zucker ingwer zimet ein wenig negelin zucker daran
vnd laß zu wol sieden vnd ain dropflin essig
vnd rycht zu mit brye vnd fisch an

»Wie man einen Biberschwanz einmachen soll

*Nimm den Biberschwanz und die Klauen und brüh ihn, bis die Oberhaut abgeht. Dann
nimm ihn, zieh die Haut ab und leg ihn wieder ins Wasser. Koch ihn ungefähr
3 Stunden, bis er weiß wird, im Wasser. Wenn sich die zweite Haut abziehen läßt, so tu
ihn vom Feuer und mach ihn sauber. Lege ihn in eine Pfanne, gieß einen guten Wein
dazu und laß ihn kochen, bis er weich wird wie ein Mus. Wenn er fertig gekocht ist, so
tu Safran, Pfeffer, Ingwer, Zimt, etwas Nelken und Zucker dran, laß ihn noch einmal
sieden, und noch ein Tröpflein Essig. Dann richte ihn mit Brühe und Fisch an.«*

*So steht es in dem handschriftlichen Kochbuch, das Philippine Welser 1557 in die
heimlich mit Erzherzog Ferdinand geschlossene Ehe einbrachte. Heute befindet es sich
wieder auf ihrem Schloß Ambras bei Innsbruck, das durch ihre vielen Feste weit über
die Landesgrenzen hinaus berühmt war. Übrigens galt der Biberschwanz früher als
besondere Fastendelikatesse, da der Biber im Wasser lebt und deshalb zu den Fischen
gerechnet wurde.*

lence war und schon zu Beginn des 17. Jahrhunderts ein 600 Seiten starkes Kochbuch aufschreiben ließ, das seine große Vorliebe für „Dorten" und allerlei Zuckersüßes besonders deutlich machte.

Nein, weder der Dreißigjährige Krieg, weder die Pest noch die zweite Türkenbelagerung Wiens verdarben den nicht unmittelbar betroffenen Österreichern den Appetit. Im ausgehenden 17. Jahrhundert fühlte sich Barockkaiser Leopold wieder einmal ernsthaft berufen, seinen Landsleuten in die Kochtöpfe schauen zu lassen. Nicht nur, daß er sie in fünf Klassen einteilte, er schrieb ihnen auch vor, welchen Luxus sie treiben und welchen sie nicht treiben durften.

Straßauf und straßab liefen seine Kontrollbeamten und fahndeten in Küchen und Kellern nach Lebensmitteln, die auf eine Übertretung der Verordnung schließen ließen. Kaiser „Häferlgucker" und seine Häferlguckerbrigade waren emsig, aber nicht gerade erfolgreich. Zumindest auch nicht erfolgreicher als der Augustinerprediger Abraham a Sancta Clara, der von Wiener Kanzelhöhen wortgewaltig gegen all den schlemmerischen Unsinn, gegen die schleckrigen Possen und gegen die unmäßigen Esser zu Felde zog. In seinem mit subtiler (Küchen-)Kenntnis geschriebenen „Aufstand der Tiere gegen die Schlemmer" heißt es: „Dieser allseits beklagte Bösewicht heißt Wampelius Zehrer, wohnhaft zu Schlemmerau, ein geborener Freßländer, verstehe hierbei den Fraß und die Völlerei des Menschen, seine unerbittliche Wampe, zu dero dienen die Vögel in der Luft, die Fische im Wasser, die Tiere auf Erden, in Summa, alles verzehrt wird, zum höchsten Schaden und Nachteil der Seelen."

Nur wenige Jahre nach der kaiserlichen und geistlichen Mahnung zur Mäßigung legte der Koch der Salzburger Fürstbischöfe sein „Neues Saltzburgisches Koch-Buch" vor, das man auch „bey hochfürstlichen und vornehmer Höfe Tafeln, bey großen Gastereyen und gemeinen Mahlzeiten die Tische auf das Zierlichste mit annehmlichen Abwechslungen täglich versehen und bestellen kann".

Conrad Haggers Küchenwerk mit „Römisch Kayserlicher Majestät Privilegio" umfaßte mehr als 2500 Speisen und galt lange Zeit hindurch als Standardwerk.

Kein Wunder, daß J. B. Küchelbecker 1730 aufgebracht vermeldete: „Am meisten wird zu Wien in Essen und Trinken excediret, welches sowohl von Hohen und Niedrigen, als auch von Geistlichen und Weltlichen geschicht, und weiß man den größten Teil des Tages nicht besser und vergnügter, als bei Tische und bei dem Glas Wein zuzubringen."

Im weitgehend von Maria Theresia geprägten 18. Jahrhundert brachte der lothringische Gemahl wieder französische Vorlieben in die österreichische Hofküche ein. Dennoch blieben die großen Veränderungen aus, die Rezepte waren längst kosmopolitisch, mit der italienischen Küche war man herzlich verbunden, alles Ungarische war damals schon beinahe Wienerisch, und alles Böhmische war längst aufgesogen.

Dennoch sorgte die Hausfrau auf dem Thron für eine mittlere Revolution in der bürgerlichen Küche. Von allzuleeren Hofkassen beeindruckt, ließ sie die kaiserlichen Tafelreste nicht mehr im Hofstaat versickern, sondern kurzerhand an eine tüchtige Wirtin verkaufen. Bei der „Schmauswaberl" gab es für Wiener Gourmets alsbald die Fasane und Kapaune, die Krebsgermnudeln und die gebratenen Wachteln für wenig Geld. Und die Bürgerinnen, heißt es, „machten eyn groß Geschrei und Geriß und Gerate wegen der Rezepter".

Oder war die Kaiserin vielleicht doch nicht so sparsam, wie es scheinen will? Im Stiftsarchiv von Melk jedenfalls schlägt ein eintägiger Besuch Maria Theresias – wie man dort nachlesen kann – sehr kräftig zu Buche. Zur „Bewürthung ihrer Majestät und dero Suite" brauchte man: 587 Pfund Rindfleisch, 743 Pfund Kälbernes, 9 Kalbsköpfe, 40 Kälberfüß, 33 kälberne Brüstel, 56 Pfund Schweinefleisch, 78 Pfund Schöpsernes, 13 Lämpl, 4 Pfund Ochsennieren, 4 Pfund Mark und 4 Ochsenzungen, 6 Pfund Kaffee, 32 Hasen, viel Federwild, 11 Achtel Schmalz, 1405 Eier, 15 Forellen,

6 Pfund Karpfen, 8 Pfund Zibeben, 6 Pfund Weinberl, 9 Lot Zimt, 7 Rehböck, 1 Gemse, 2 Hirschkälber, 1175 Krebse und 5 neue Bratspieß.

Dazu gab's Pasteten, Knödel, Nudeln, Gemüse und Salat. Vermißt man hier auch noch weitgehend die Kartoffeln, so hat das seinen Grund. Sie verbreiteten sich zwar in der zweiten Hälfte des 18. Jahrhunderts sprunghaft über die Anbauflächen ganz Österreichs, am frühesten in Vorarlberg und Tirol, aber sie wurden durch die Armeleuteküche populär. In Wien, wo die erste Kartoffelstaude bereits 1588 eintraf, versuchte man sich zuerst in der Erzeugung von Kartoffelspiritus. Als Beilage oder an Stelle von Gemüse besann man sich erst während der Napoleonischen Kriege wieder auf die Kartoffel. Wirklich beliebt wurde sie jedoch erst in der zweiten Hälfte des 19. Jahrhunderts, als man aus den Kartoffeln einen Teig machte, aus dem Teig Knödel formte und die Knödel füllte.

Mit Ausnahme der Zeit des Wiener Kongresses, der als „tanzender Kongreß" in die Annalen der Geschichte einging, zu dem Napoleons Außenminister Talleyrand mit dem wohl größten Koch aller Zeiten, Antonin Carême, anreiste und Kanzler Metternich seine Gäste mit raffinierten Neukompositionen aus seiner Küche verwöhnte, blieben im 19. Jahrhundert die großen Küchenüberraschungen aus. Zwar gab es nun Mehlspeisen in Hülle und Fülle, zwar wurden die Wurstrezepte verfeinert, und die Tomaten hielten Einzug in die österreichische Küche, zwar strebte der biedermeierische Mensch nach Lebensgenuß, aber es war ein eher bürgerlicher Lebensgenuß mit „Backhendln und Rostbratln, Gselchtem und Speck, Gollasch und Karpf, mit Supperln, Knöderln, mit Schmankerln und Köch".

Ganz vehement setzten sich in der zweiten Hälfte des 19. Jahrhunderts die Zuwanderer aus allen Teilen des Vielvölkerstaates nach Österreich in Bewegung.

Die ungarischen Adeligen brachten die Zigeuner und den Csárdás, den Paprika, das Gulasch, die besten Fogoschrezepte, die Gänseleberpastete, die Strudel, die Somlauer Nockerl und die Dobosch-Torte mit.

Die Zuwanderer vom Balkan brachten einen Hauch Orient, ihr Kunsthandwerk, die berühmtesten Karpfenrezepte, die Liebe zum Schafffleisch, die Eintopfgerichte und den Türkischen Honig mit.

Mit den Italienern kamen die Gemüsesuppen, die Ravioli und Makkaroni, die vielen Spaghettirezepte, der Risotto, die Polenta, die Gnocchi, der Osso buco, der Fenchel, die Zucchini, die Artischocken und die Kastanientorte ins Land.

Aus Böhmen kamen Schneider und Schuster, Handwerker und Diener, Ammen und Köchinnen. „Wien", schrieb ein Humorist 1901, „wird nicht vom Kaiser regiert, sondern von einem Heer trotzig-mütterlicher Erzieherinnen, die das Küchenzepter schwingen." Ihr heimisches Repertoire bestand aus *Schinken in Brotteig, Schinkenfleckerln, Liwanzen, Schkubanken, Kartoffelknödeln, Wasserspatzen, Serviettenknödeln, Zwetschkenknödeln, Powidltascherln,* böhmischen *Dalken, Buchteln, Kolatschen, Grammelpogatschen* und *Zwetschkenröster.*

„Wie Böhmen noch bei Österreich war", heißt es in einem beliebten Lied. „Böhmen", auch ersetzbar durch Agram, Lemberg, Krakau, Triest oder Trient. Vor hundert Jahren etwa entwickelten sich jene Klassiker der österreichischen Küche, die heute unverrückbar auf allen Speisekarten stehen. Aus dem Erbe des Vielvölkerstaates haben die Österreicher jedenfalls alles Gute geprüft und das Beste für sich vereinnahmt. Sie sind die lachenden Erben der Küchen halb Europas.

Nächste Doppelseite:
Zur Zeit Maria Theresias entwickelte sich ein starker kultureller und gewiß auch kulinarischer Austausch zwischen Österreich und Ungarn, dessen Stephanskrone die Habsburger seit 1526 trugen. Fürst Nikolaus Esterházy holte sich Joseph Haydn als Kapellmeister – hier am Klavier bei einer Opernaufführung – auf sein prunkvolles Schloß, das »Feenreich Esterháza«.

Blatteln, Tirler, Tefzgenescht, Grattler, Tommerl, Kaschernat

Neun Bundesländer, neun kleine Österreiche, neun große Dialektregionen, die unendlich viele Varianten einschließen. 7,4 Millionen Menschen, 7,4 Millionen Individualisten mit streng festgeschriebenen Weltanschauungen: Im Vorarlberger Nenzing ist der Himmel, beim burgenländischen Podersdorf kann man „in d'Höll fahren", in Oberösterreich wohnt das Christkindl, in Niederösterreich sind die Chorherren zu Haus, „Tirol isch lei oans", „Kärnten is a Schoatzele", „Salzburg is s'Paradies", in der Steiermark „sand Leit groß und stark", und der Herrgott, „der Herrgott muß a Wiener sein".

Fast scheint's, man könnte Friedrich Hebbel, den geborenen Holsteiner, zitieren, der einmal gesagt hat: „Dies Österreich ist eine kleine Welt, in der die große ihre Probe hält ..."

Bei so viel Regionalismus muß man sich jedoch nicht wundern, daß in einem Land, das auf eine beinahe zweitausendjährige Gaststättenkultur zurückblicken will, auch die Speisebezeichnungen und viele Rezepte völlig getrennte Wege gehen. Was weiß der Wiener schon von den *Grantn* oder *Granggn*, die bei ihm *Preiselbeer* heißen, was der Tiroler von Burgenlands *Haadani Kneidl*, die er nur als *Schwarzplentene* kennt, was der Vorarlberger von den niederösterreichischen *Saumoasn* und der Oberösterreicher von den Kärntner *Maischelen?*

„Du kannst Dir", schrieb Josephus Binder in seinen Lebensläufen ganz richtig, „grad die Zung derkugeln, bald Du von an Landl ins andere kimmsch und dös nit nur zweng der Ausschprach."

Nein, gewiß nicht.

Die Vorarlberger tendieren als Alemannen mentalitätsmäßig weit eher zum schweizerischen Nachbarn als zu Tirol, von dem sie durch den Arlberg getrennt sind, und zum übrigen Österreich, das ihnen ohnedies wie am Ostpol erscheint. Die fleißigen, tüchtigen Leute aus dem Ländle, deren Dialekt allen Nichtvorarlbergern wie eine Mischung aus Schweizerdeutsch und Holländisch in den Ohren klingt, geraten oft in Verdacht, sie hätten jene Würstel, die man in Wien „Frankfurter" nennt und in Frankfurt „Wiener", justament *Zitzele* getauft, um nur ja nicht, und nicht einmal um die Würstel an jene Stadt erinnert zu werden, in der ihre Steuern versickern. Gleichwohl blieben sie auch in der Küche autark. Mit Käsesuppen und *Schiebling*, mit *Moschtbröckle, sure Kuttla,* mit *Riebel, Tosche, Knöpfle* und *Spätzle,* mit *Zwätschger* und *Kriesewasser* stellen sie die Restösterreicher nicht nur vor ein Sprachproblem. Tiroler wiederum leben und lebten immer in erster Linie für Tirol, das heutige italienische Südtirol eingeschlossen. Das „heilige Land Tirol", erstmals 1796 als Titel in einem Singspiel so genannt und später im Andreas-Hofer-Lied, ist trotz überbordendem Fremdenverkehr bodenständig geblieben. Kernig, verschlossen, wahrheitsliebend, pedantisch auf seine Freiheit bedacht, chauvinistisch und lustig, das sind die gängigen Attribute für Tiroler. Aber dieses Lustigsein hat auch einen ernsten Kern, als wär's ein Nachhall von Kaiser Maximilians Leibspruch, der sich an der Wand der Maximilianstube des Schlosses Tratzberg im Unterinntal befindet:

Leb, waiss nit wie lang,
Und stürb, waiss nit wann,
Muess fahren, waiss nit wohin,
Mich wundert, daß ich so frelich bin.

Tirols Küche wurde historisch von Kaiser Maximilians flandrischer Eßkultur und geographisch von der Nähe zu Italien geprägt. Mit *Weinsuppen* und *Weinbeize*, mit *Schlutzkrapfen, Türtln,*

Profesen, mit *Polenta, Kiachln,* allerlei *Nocken* und *Spatzen,* mit *Maibutter, Mandelsulz, Hollerpunsch* und *Kranebitt* weiß man in Wien zum Beispiel wenig anzufangen.

Salzburg, erstmals seit 1805 bei Österreich und erst seit 1816 dauernd, „eyn hoffährtig Stadtl und eyn hoffährtig Land", hat „viel Pfaff gehabt und viel Hexen verbrannt", ist heute wahrscheinlich das kosmopolitischste unter den Bundesländern. Die Salzburger, die sich seit jeher aufs Bierbrauen verstanden, mit einer koketten Haßliebe zur bayerischen Nachbarschaft, nahmen sich immer Zeit, das Leben zu genießen. Fraglos ist in der barocken Stadt und ihrem Umfeld auch heute noch jenes Lebensgefühl vorhanden, mit dem ein alemannischer Erzbischof an der Salzach das „deutsche Rom" entstehen ließ und ein erzbischöflicher Koch ein Schlemmerkochbuch schrieb, dem er überaus verschämt ein paar billige Rezepte anfügte, „für solche Leut, die sich nur zuweilen gütlich tun und dabei doch menagieren wollen".

Wenn sich Salzburg zur Festspielzeit wie eine Primadonna über die restliche Familie Österreichs erhebt, dann sonnt man sich anderswo gerne in dem Gedanken, daß die Salzburger schließlich doch ihren „Jedermann" haben, der sie schon auf den Boden zurückholen wird. Kulinarisch gesehen sind die Salzburger der Erzbischöfe Küchenerben. Das hat sie früher mit der „feinen Küche" zusammengebracht als die übrigen ländlichen Regionen, hat sie aber auch von eigenen Küchenschöpfungen weitgehend ferngehalten. Mit Ausnahme von *Salzburger Braten* und *Salzburger Nockerln,* diversen Musen, Nocken und Strauben gibt es nur wenige speziell salzburgerische Rezepte.

Kärnten hat unter seiner Grenzfunktion zur slawischen Welt in den letzten sechzig Jahren mehrfach gelitten und ist von einem starken Nationalismus besessen, der schon seine Gründe hat, aber eigentlich ganz und gar unösterreichisch erscheint. Zumindest den Wienern,

die zu Beginn des Jahrhunderts mit einem Anteil von mehr als 60 Prozent fremdsprachigen Zuwanderern fertig werden mußten und auch wurden.

Diese „aufgeweckten, trägen, sinnlichen und zu hohen Leistungen des Geistes fähigen Kärntner", mit einem Weltrekord an unehelichen Geburten, sind nebenbei die sarkastischen Witzbolde der Nation. Die Villacher übergießen die Klagenfurter mit herbem Spott, und die Klagenfurter geben ihn an die steierischen Nachbarn weiter. Aber im Grunde genommen ist alles nur halb so grimmig gemeint. Selbst als ein britischer Offizier einst das Klagenfurter Wahrzeichen bestieg, schnappte der Lindwurm nicht mit seinen vielen Zähnen zu, sondern brach sich nur listig die Schwanzspitze und beförderte die ungebührliche Last unsanft auf den Boden. Die Kärntner Küche entspricht dem Bauernland, sie ist behäbig, aber würzig, und man darf all den zärtlichen Verkleinerungsformen nicht recht trauen. Die *Maischelen,* die *Spatzlan* und *Leberlan,* die *Miaßl, Blattlan,* die *Reinggalan* und die *Niggelen* sind alles überaus handfeste Dinge.

Die grüne Steiermark, die man gerne und falsch allein mit Roseggers Waldheimat umschreibt, zerfällt in Berg-, Tal- und Hügellandschaften, manche so isoliert, als hätte man die Menschen darin hinter Schloß und Riegel gesetzt. Das macht sie so verschieden, daß es schwerfällt, sie alle als Steirer zu bezeichnen: Neben dem wägenden, bedächtigen Murtaler steht der breitbiedere Ennstaler, dazwischen drängt sich die anmutige Ausseerin, man begegnet der wetterfesten Almerin aus den Nockbergen und der wendigen, modernen Grazerin, und es gibt den Oststeirer, der wohl zu leben weiß, und den weichen, leidenschaftlichen Untersteirer, der die slawische Nachbarschaft nicht ganz verleugnen kann. Was sie alle eint, ist die Musikalität, die Sangesfreude, die Musizierlust und der „steirische Brauch". Man sagt ihnen gerne

Nächste Doppelseite:
Die Maximilianstube auf Schloß Tratzberg in Tirol – Wohnkultur eines Herrschers und
Menschen vor 500 Jahren.

Großherzigkeit und Gutmütigkeit nach und preist die Steiermark als Ort der Sommerfrischler, Kleinbürger und Pensionisten. Im gleichen Augenblick wundert man sich aber, daß just dort die Avantgarde österreichischer Dichter geboren wurde, heranwuchs und manchmal ein bisserl Freiheit – und Narrenfreiheit – auslebt. So grundverschieden wie die Landschaften zeigen sich jedoch auch die Küchen. Es gibt keine allgemeingültige „steirische Küche", nur eine Zusammenfassung aus kleinregionalen Küchen, wobei die dicken Suppen und die ausgiebigen Suppentöpfe, die Gerichte aus Bohnen, Kürbis und Heidenmehl, die Sterze, Tommerl und Krapfen neben allerlei Lebkuchen und süßem Brot besonders ins Auge fallen.

Ober- und Niederösterreich, das „Österreich ob und unter der Enns", stellen die Herzlandschaften dar, das Kernstück der feudalen Erblande, auf denen die jahrhundertelange dynastische Macht der Habsburger letzten Endes beruhte. Es sind einheitliche, abgerundete, fruchtbare Länder ohne Enklaven fremder Siedler, die eher still und unauffällig vor sich hinleben.

Wenn Friedrich Sacher über Niederösterreich schrieb: „Du hast nie etwas aus dir gemacht, aber du bist treu und beständig. Du warst niemals jung. Aber dafür brauchst du auch nicht weiter zu altern ...", so drückt Lois Schiferl einen ähnlichen Gedanken über Niederösterreich auf seine Weise aus: „Koa Weanergschroa, koan Übermuit, koan Pflanz und koan Kumödigespiel."

Das sagt natürlich über die Stellung zu Wien, die „arrogante Hauptstadt", die mitten in Niederösterreich ihr eigenes Bundesland kreieren mußte, schon einiges aus. Aber das soll nicht heißen, daß sich Ober- und Niederösterreich

Die Gemüsefrauen auf dem Grünmarkt in Salzburg bekamen vor gut 200 Jahren ein kostenloses Konzert, wenn der kleine Wolfgang Amadeus in seinem Elternhaus Klavier übte. Nächste Doppelseite: Die Enns im Gesäuse mit dem Reichenstein. Wenn sie die Steiermark verlassen hat, schlängelt sie sich zwischen Ober- und Niederösterreich nach Norden.

immer von Herzen nahe stünden. Trennt sie doch schon die Vorliebe für verschiedene Getränke. Während man im Innviertel viel Bier trinkt und Biersuppe ißt, trinkt man im oberösterreichischen Traunviertel Most – und ißt Mostsuppe –, und die Niederösterreicher halten es natürlich mit dem Wein und essen Milchsuppe ...

Die Traunviertler sind an dem Spitznamen „Mostschädel" schuld, der allen Oberösterreichern gleichermaßen anhängt. Einmal eher anerkennend steht er für Unbeugsamkeit, Trotz, Bodenständigkeit und Selbstbehauptung, einmal eher boshaft gemeint, steht er für Eigensinn, Verstocktheit und Unbeweglichkeit. Aber es ficht sie nicht an, die Oberösterreicher, sie tragen's wie einen Orden, und ein oberösterreichischer Bürgermeister schrieb sogar ein Gedicht auf „Da Mostschädl".

Wer Most und Bier zur *Neinijaus'n* trinkt, braucht natürlich auch *Oarkas, Kochkas, Oarfisch* und *Tsöan* ..., er braucht *Schwarzwurzn* und *Radisalat.* Die übrige Regionalküche, reich mit Knödeln, Nocken, Nudeln, Schmarren und Strudeln bestückt, hat mit Ausnahme des *Zaunerstollens* und der *Ischlerkrapferln,* die auf eine berühmte Konditorei zurückgehen, keine Spezialitäten hervorgebracht, die in der allgemeinen österreichischen Küche aufscheinen.

Die Niederösterreicher halten's natürlich mit dem Wein. Schon vor mehr als 250 Jahren schrieb Probst Hieronymus Uberbacher über sie nicht ohne Spott:

... doch wenn ich sterben sollt und muß von hinnen fort,
sey wein mein letzter trunckh und wein mein letztes wort.
Man schreibe dies noch auf meinen Leichenstein:
wein, wein, wein, wein, wein, wein, wein, wein, wein, wein.

Wien und der Stephansdom, einst Lebensmitte der ganzen Donaumonarchie. Wen wundert's, daß die Wiener noch heute glauben, »der Herrgott muß a Wiener sein«.

Neben Wein wissen die Niederösterreicher jedoch auch mit den Fischen gekonnt umzugehen, und viele gute Rezepte stammen vom Donauufer. Auch erwies sich die böhmische Nachbarschaft als äußerst fruchtbringend. Wenn man einen Blick auf die Mehlspeisenliste wirft, so gibt es hier *Baudexe* und *böhmische Buchteln, Kolatschen* und *Bukanzi, Pogatscherln* und das verräterische *Powidl.*

Von Niederösterreich nach Wien „ist es entweder ein Schritt oder eine Weltreis". Vom Wiener sagt man, er sei ein „Raunzer". Das ist eigentlich auch ganz natürlich. Wien war einmal eine blendende Weltstadt, jetzt blendet sie nicht mehr so, also muß man die neue Zeit weniger schön finden als die alte. „Der Wiener", sagte Hermann Bahr einmal, „ist ein mit sich sehr unglücklicher Mensch, der den Wiener haßt, aber ohne den Wiener nicht leben kann."

Der Wiener ist charmant, sagt man, gutmütig, gemütlich, weichherzig, lieb und friedlich. Aber Robert Schumann schrieb: „Lange und allein möchte ich hier nicht leben; ernstere Menschen und Sachen werden hier wenig gesucht und verstanden."

Es ist fast eine Tatsache, oder so etwas Ähnliches, daß schon der „junge Wiener" als „alter Wiener" auf die Welt kommt. Es ist aber auch eine Tatsache, daß man die Wiener nie ganz durchschauen kann. Die Geschichte hat ihnen auferlegt, sehr vieles mit Gleichmut zu tragen und weniges allzu ernst zu nehmen. Wenn die Wiener ironisch sind, kochen sie vielleicht innerlich vor Wut, wenn sie ihren „g'sunden Hamur" preisen, ist ihnen oft eher zum Weinen, wenn sie freundlich sind, möchten sie einem oft lieber den Hals umdrehen, und das sagenhafte „goldene Wiener Herz" kann oft wirklich schwer wie Gold sein.

„Alle die ich bisher kennengelernt habe", schrieb Bismarck 1852, „sind bemerkenswert liebenswürdig. Im Geschäft dagegen herrscht große Faulheit." Beides war wohl eine Täuschung, hat aber viel zum weitverbreiteten Klischee vom Wiener beigetragen. Den aber kümmert's nicht allzusehr. Er singt beim Heurigen: „I bin halt a Wiener, i kann nix dafür."

Die Wiener Küche, heute vielfach als Oberbegriff für die österreichische Küche gebraucht, ist tatsächlich – davon war schon die Rede – ein Sammelsurium aus den Rezepten eines Vielvölkerstaates. Wollte man sie in groben Zügen umschreiben, müßte man sagen: Sie liebt klare Rindssuppen mit phantasievollen Einlagen, Paniertes und Gebackenes, Fleisch im eigenen Saft gebraten und ohne Mehlsoßen, sie schätzt abwechslungsreiche Zuspeisen, sie bevorzugt Salat vor dem Gemüse und kann ohne Mehlspeisen nicht auskommen.

Das Burgenland kam erst 1921 zur Republik und steht noch immer „mit einem Fuß in der ungarischen Puszta". Die Landschaft mit den Gänseherden, den Straßendörfern, den magyarischen Häusern, den Störchen auf den Giebeln, die weite Ebene und der flache Steppensee, das alles ist keine typisch österreichische Landschaft. So hatten es auch die Bewohner schwer, sich nahtlos in die Familie Österreich einzugliedern. Sie werden noch Jahre brauchen, bis sie sich ganz zugehörig fühlen können, auch mit ihrem Speisezettel, auf dem man noch *Halászlè* und *Haluschka, Fogosch* und *Tarhonya, Kukuruzflecken* und *Krebspörkölt* findet, als wär's ein Stück Ungarland.

Dieser kurze Überblick über die österreichischen Bundesländer kann nur verallgemeinern, aber er mag deutlich machen, daß es in den Küchen und in den Speisebezeichnungen große regionale Unterschiede gibt. Die nachstehenden Aufzeichnungen mögen nicht nur Ausländern, sondern auch Inländern helfen, sich zurechtzufinden.

Blattlen: *Blattln, Blattlen* oder *Blattlan* sagt man in Tirol, *Plattlan* in Kärnten und meint viereckig oder rund ausgestochenen Teig (Nudel-, Grieß-, Kartoffelteig), der im Rohr gebraten oder in Fett schwimmend ausgebacken wird.

Brein: Aus Hirsekörnern und Milch oder Wasser erzeugt, ist *Brein* eine der ältesten nachweisbaren Speisen. Verfeinert kennt man *Brein* heute noch im Burgenland, in der Steiermark und in Kärnten.

Buchtel: Man nennt sie auch *Wuchteln* oder

Rohrnudeln; wenn sie klein geraten sind: *Dukatenbuchteln* oder *Dukatennudeln.* Sie sind eine Mehlspeise aus Germteig (Hefeteig). Im 19. Jahrhundert gab es in Wien einen Bäcker, der *Ternobuchteln* herstellte. Das waren Buchteln mit eingebackenen Lotteriezetteln.

Burenhäutl: So heißt die Burenwurst, die man am liebsten nachts an Würstelständen ißt.

Eierschwammerln: Pfifferlinge.

Einbrenn: In heißer Butter leicht angebräuntes Mehl, das man zu „eingemachtem Fleisch", zu Gemüse oder Kartoffeln verwendet. *Einbrennte Hund* sind in Wien *einbrennte Erdäpfel.*

Farferl: Auch *Farfel,* eine Suppeneinlage aus geriebenem Teig.

Faschiertes: Durch den Fleischwolf gedrehtes Fleisch, das mit verschiedenen Zutaten zu Laibchen verarbeitet und gebraten wird *(faschierte Laaberln).*

Frittaten: Auch *Fridatten* geschrieben, sind nudelig geschnittene Omeletten, die als Suppeneinlage dienen.

Gabelkraut: Gekochtes Sauerkraut, naturbelassen.

Gansbiegel: Gänsekeulen. Eine steirische Spezialität, wenn sie mit *Ritschert* gekocht werden.

Golatschen: In Wien mit G, in Niederösterreich mit K geschrieben, ist eine Germteig-(Hefeteig-)Mehlspeise, die von Böhmen über die Grenze gewechselt hat.

Grammeln: Beim Auslassen von Speck entsteht Schmalz und *Grammeln.* Aus *Grammeln* macht man einen Brotaufstrich *(Grammelschmalz), Grammelknödel, Grammelkrapfen, Grammelpogatschen, Grammelsterz, Grammelstrudel* etc. (hochdeutsch Grieben).

Grattler: Tiroler Kartoffelgulasch ohne Fleisch, nur mit Selchspeck.

G'spritzter: Ein Achtel Wein – vorwiegend Weißwein – mit Soda „aufgespritzt".

Gupf: Hat mit *Gugl* und *Gupf* und *Gugelhupf* zu tun, das heißt, es soll etwas hügelförmiges ausgedrückt werden. Man gibt zum Beispiel einen *Gupf* Schlagobers auf eine Torte.

G'würznagelen: Gewürznelken.

Handgewutzelte Mohnnudeln: *Wutzeln* heißt so viel wie rollen. Man rollt also die Nudeln mit der Hand.

Hetschebetsch: Hagebutten.

Kaschernat: Wörtlich ein Durcheinander. In Wien bezeichnet man ein Gericht aus Reis mit Paprika und Tomaten so.

Katzengschroa: Eine Art Geschnetzeltes aus verschiedenen Fleischsorten.

Koche: Vor allem Wiener Koche werden aus Gebäck, aus Semmerln und Kipferln hergestellt, die zu einer Mehlspeise weiterverarbeitet werden.

Kipfler: Längliche, kleinere, sehr speckige Kartoffeln, aus denen man in Ostösterreich am liebsten den Kartoffelsalat zubereitet. A propos Kartoffeln: In Westösterreich sagt man Kartoffeln, in Ostösterreich Erdäpfel.

Kletzenbrot, Kloatzenbrot, Klotzenbrot, Kloawabrot und **Zelten:** Alles zusammen ist mit Früchtebrot nur sehr mangelhaft übersetzt.

Krapfen: In Vorarlberg nennt man sie *Krapfa.* Es gibt *Krapfen* aus Germteig (Hefeteig), aus *Moarbteig* (Mürbteig) und aus Nudelteig mit allen nur denkbaren Füllungen. Schon in der Mitte des 15. Jahrhunderts gab es in Wien gewerbliche *Krapfenpacherinnen.*

Krumbirn: Kartoffeln.

Kutteln: Man nennt sie auch *Kuttelfleck.* In Vorarlberg kommen sie als *saure Kuttla* auf den Tisch. Die Wiener Küche kennt *Kuttelfleck* (Kaldaunen) gebacken in Weinsoße oder als Suppe.

Nächste Doppelseite:
Ob der Senn im Bregenzer Wald aus der Milch von den fetten Almwiesen Käse macht oder der Fischer am Neusiedler See seine Aalreusen leert – überall im Land wird die Ernte eingebracht, und in Österreichs Küchen werden daraus Apfelstrudel oder Fischbeuschelsuppe, Kasnudeln oder Palffyknödel, Schlutzkrapfen oder Topfenpalatschinken.

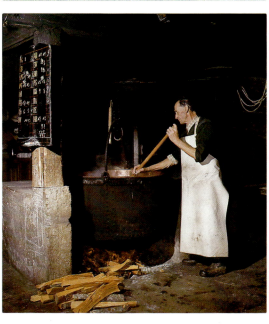

Mus, Miasl, Muis, Muas: So nennt man in Westösterreich den ostösterreichischen *Brein*.

Nocken: In Ober- und Niederösterreich heißen sie *Nocken* und sind eine eher derbe Holzknechtspeise, in Salzburg wurden sie zu *Nockerln*, beinahe weltberühmt und viel feiner. In Wien gibt man *Nockerln* hauptsächlich in die Suppe *(Butternockerln, Grießnockerln, Lebernockerln)* oder als Beilage zu Gulasch oder Rostbraten.

Obers: Schlagrahm, Sahne.

Ochsenaug: Spiegelei.

Pogatscherln: Kommen hauptsächlich in Niederösterreich vor und sind eine „gesalzene Mehlspeise" aus Kartoffel- oder Germteig *(Erdäpfelpogatscherl, Grammelpogatscherl)*.

Powidltaschkerln: Im Wienerlied sind sie aus der „schönen Tschechoslowakei" eingewandert und als gekochte Mehlspeise, mit Zwetschkenmus (Pflaumenmus) gefüllt, sehr beliebt.

Riebel: Eine Art Schmarren, der zu den Vorarlberger Nationalspeisen zählt.

Ribisel: Johannisbeeren.

Ritschert: In Kärnten und in der Steiermark übliches Gericht aus Bohnen, Rollgerste und Geselchtem.

Saumoasn: Bei dieser Waldviertler Spezialität wird gewürztes, gehacktes Schweinefleisch in Schweinsnetz eingeschlagen und knödelförmig zuerst gesurt und dann geselcht.

Schmarren: Gebackener und zerkleinerter Teig aus verschiedenen Zutaten. Es gibt *Mehlschmarren, Grießschmarren, Semmelschmarren, Kartoffelschmarren* usw.

Selchfleisch: Auch *G'selchtes* oder *Gsölcht's,* bedeutet immer geselchtes Schweinefleisch.

Schlussbraten: Braten von der Kalbskeule.

Schotten: *Topfen,* Quark.

Schwarzwurzen: Hier wird Schweinefleisch so lange geselcht, bis es außen schwarz wird. Der Speck soll sehr kernig und das Fleisch dunkelrot sein.

Stefaniebraten: Faschierter Braten mit Eiern und Speck und Gurkerln gefüllt.

Sterz: Ein dicker Brei aus Mehl, Maisgrieß oder Grieß, Kartoffeln oder Bohnen, mit der Gabel zerkleinert, abgeschmalzen oder mit verschiedenen Beilagen serviert. Etwa hundert verschiedene Rezepte, vor allem in der Steiermark und in Kärnten. Die wichtigsten sind *Heferlsterz, Türkensterz* und *Mehlsterz*.

Surhaxn: Stelzen, die vier bis sechs Wochen in der *Sur* (Salzlake) gelegen haben und dann im Rohr gebraten wurden.

Tommerl: Man nennt diese Mehlspeise aus dünnem, flüssigem Teig, der mit verschiedenen Zutaten im Rohr gebacken wird, in der Steiermark auch *Nigel* oder *Nigl*. Es gibt *Apfeltommerl, Topfentommerl, Türkentommerl, Weizentommerl* oder *Grießtommerl*.

Türteln, Tirtel, Tirschtl: Zusammengedrückte, große runde Teigblätter mit Fülle, die in Fett schwimmend ausgebacken werden.

Vogerlsalat: Rapunzelsalat.

Wirrler, Wirler: Eine Art Tiroler Kartoffelschmarren.

Wefzgenescht: Fast nur in Vorarlberg bekannte gebackene Mehlspeise, die die Form eines Wespennestes hat.

Zwetschkenpfeffer: Soße aus fein gewiegten, gekochten Dörrzwetschken, mit Gewürzen aufgekocht. Als Brei und auch als Nudelfülle zu verwenden.

Der Heurige vom letzten Jahr

Wir lebten dem Genusse
und freuten uns am Wein,
und jeder wollt zum Schlusse
ein kleiner Rothschild sein.
                    Weinheber, „Wir Wiener"

Ganz logisch ist's nicht, aber Tatsach': Der „heurige" Wein stammt immer von der vorjährigen Lese. Erst muß er alle wichtigen Stadien durchlaufen, erst muß er Most sein, dann Sturm, dann muß er sich klären, ehe er in die Krügerln fließen darf. Bis dahin vergehen Monate, und erst nach Beginn des neuen Jahres darf er sich „Heuriger" nennen, so lange, bis der neue Heurige, also wieder ein Jahr später, ihn zum „Alten" macht.

Auch mit den Heurigenlokalen hat es eine eigene Bewandtnis. Die echten Heurigen schenken nur eigenen Wein aus und haben im Jahr drei Wochen bis maximal sechs Monate geöffnet. Die Groß- und Nobelheurigen sind dagegen meist Pseudo-Heurige, die ihren Weinbedarf weitum decken.

Weitum: Ostösterreich ist Weinland und war es schon von Anbeginn an. Gewiß ist, daß die Kelten um 400 v. Chr. auf heute österreichischem Boden bereits Weinbau betrieben und daß die Römer in Sachen promilleträchtiger Entwicklungshilfe keineswegs den weiten Vorstoß an die Donau hätten unternehmen müssen. Daß dennoch der „gute, alte Kaiser Probus", wie er in den Wiener Liedern heißt, oftmals und liebevoll als „Urahnel" des österreichischen Weinbaus hochgelobt wird, hat einen triftigen Grund. Er war es, der 280 n. Chr. das Verbot Kaiser Domitians, außerhalb Italiens Reben zu pflanzen, aufhob und italienische Edelreiser nach Wien bringen ließ. Erstmals wurden unter seiner Herrschaft geordnete und große Weinkulturen angelegt, die vor allem auch den römischen Legionären zupaß kamen: Es gab genug Wein, und er war billig, billiger als der aus Italien einst mühsam herangeschaffte edle Tropfen.

Fehlte dann den Völkerwanderern auch die Muße, die Weinkulturen zu pflegen, so scheint dennoch die Zechertradition nie ganz abgerissen zu sein. Fünfhundert Jahre nach dem Abzug der Römer gab es bereits wieder Wein genug, die Klöster überboten sich gegenseitig im Pflanzereifer, die Ritter betrugen sich nicht selten bacchantisch, und die Chronisten verzeichneten nicht ganz ohne Unbehagen, daß es zwar an Wein keineswegs fehle, sondern an Fässern, und daß man um 1300 erstmals „Stuben aus Holz" habe zimmern müssen, um die reichen Ernten unterzubringen. An der Donau, in Wien und im Burgenland, fast überall in den heute bekannten Weinorten wuchs vor siebenhundert Jahren schon Wein, und sogar in Salzburg wurden Reben angepflanzt.

Den Fürsten gefiel's, sie verlangten hohe Zölle für den Weinexport, verboten zuerst in Krems das Bierbrauen und später auch in Wien, damit der Wein konkurrenzlos bliebe, und kamen fast zur gleichen Zeit auch auf die Idee, daß sie mit einem „Ungeld" auf Wein – eine Art früher Getränkesteuer – ihre Kassen prächtig füllen könnten.

Bereits 1406 nannte das Zehentbuch des Bistums Seckau 55 Orte mit 6000 Weingärten, und im Laufe des 15. Jahrhunderts belief sich die Weinausfuhr aus Wien und Niederösterreich auf etwa 100 000 Hektoliter im Jahr. Damals schrieb Enea Silvio Piccolomini, der spätere Papst Pius II., die Wiener Weinkeller seien so tief wie die Häuser hoch, und ein anonymer Chronist vermerkte: „Es ist ein Saufen und Raufen und Schmausen in dieser Stadt, die auf Weinfässern lebt."

Es war die Zeit, als der „Wiener und Niederösterreichische Eimer" als neue Maßeinheit für ganz Österreich Gültigkeit erlangte, der bis 1876 gültig blieb: 1 Eimer = 40 Maß, 1 Fuder

Der beim Heurigen aufspielende Zigeunerprimas aus dem Burgenland wie die jungen
Leute in der Tracht des Kärntner Gailtals oder aus Bezau in Vorarlberg, die
Knappenkapelle aus Hallstatt, Schleicherlauf in Telfs, Schemenlauf in Gastein und
Palmeselprozession in Thaur/Tirol – Volkstum und Bräuche leben in allen
österreichischen Landschaften fort.

= 32 Eimer, 1 Eimer = 56,6 Liter. Der Weinerntechronik des Stiftes Melk kann man aus dem Jahr 1499 entnehmen: „Ein Eimer Wein wurde im neuen Jahr für zwei Pfennige verkauft. Am Südhang des Wiener Waldes kostete dieselbe Menge nur einen Pfennig. Viele starben, da sie sich zu Tode gesoffen hatten." Man muß sich also nicht darüber wundern, daß Kaiser Maximilian versuchte, mit all den „Zuggersachen und Confects", mit denen er in Burgund Bekanntschaft geschlossen hatte, seinen Untertanen eine weniger berauschende Leidenschaft schmackhaft zu machen. Man muß sich aber auch nicht wundern, daß es ihm nicht gelang, denn zu Beginn des 16. Jahrhunderts erlebt der Weinanbau in Österreich seine größte Ausdehnung. Die damalige Anbaufläche war zehnmal größer als heute, und Wein wurde neben den altbekannten Gebieten nun auch in Oberösterreich, in der gesamten Steiermark und in Tirol angebaut.

„Wer Weintrauben stiehlt", hieß es in einer damaligen Verordnung, „büße für eine Weintraube ein Ohr, für zwei beide Ohren, oder aber ist des Leibs und Guts verfallen und man soll ihn dem Landrichter überantworten."

Hätten nicht die Türken 1529 durch die erste Belagerung Wiens Unruhe und Zerstörung in die ostösterreichische Weinbauidylle gebracht und hätten nicht neue Weingartenordnungen Anbaubeschränkungen befohlen, hätte eine unkontrollierte Weinschwemme nur mehr qualitativ schlechte Erträgnisse erbracht. Nun wurden die Ernten zwar qualitativ besser, auch etwas geringer, da und dort stellte man sich nun aufs Bierbrauen um, aber Wein gab es noch immer genug. Während der zweiten Türkenbelagerung Wiens, 1683, als man emsig daran ging, die Bestände zu zählen, bekam man immerhin einen Lagerbestand von 96 200 Hektoliter zusammen, und um die Jahrhundertwende wetterte Abraham a Sancta Clara von der Kanzel herab: „Wann die Pocal und Weingläser um die Taffel herumb tantzen, wie die Kinder Israel umb das Kalb, da kann das Haus nit bestehen: Da geht die Wirtschaft den Krebsgang, da schleicht die Armuth ein, die Mobilien werden

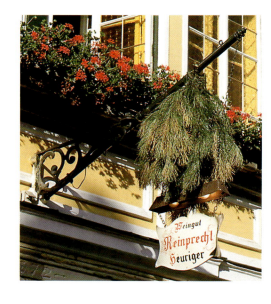

Durch kaiserliches Dekret aus dem Jahre 1784 darf jeder Weinbauer den von ihm selbst angebauten Wein auch selbst ausschenken. Der ausgesteckte Föhrenbuschen am Haus soll anzeigen, daß hier ausschließlich Eigenbauweine zum Ausschank gelangen. In den Gassen des alten Weinbauerndorfes Grinzing am Stadtrand von Wien reiht sich ein Heurigenlokal ans andere.

verzehret, und bleibt nichts über als das Kupffer auf der Nasen."

Sehr viel Kupfer auf den Nasen scheint es auch noch im 18. Jahrhundert gegeben zu haben, denn mit Dekret des Wiener Magistrats wird 1774 verordnet, daß in den unzähligen Wiener Weinschänken, „allwo es nicht immer civilisirt, aber vilmehr zügellos zuging", nur mehr Kellner servieren durften. In den „Denkwürdigkeiten von Wien" des N. Wekherlin von 1778 liest man: „Wenn es wahr wäre, daß ein jeder Mensch in seinem Leben einen Zeitpunkt hätte, um auszutoben, so würde ich den Vätern rathen, ihre Söhne vorzugsweise nach Wien zu schicken. Mir scheint es der Ort zu sein, wo diese Rolle am geschwindesten angefangen und am schnellsten geendigt ist."

Die „Heurigen" kann Wekherlin damals noch nicht gekannt haben, denn erst sechs Jahre später legte Josef II. mit einem kaiserlichen Patent, in dem jedem die Freiheit gegeben ward, „die von ihm selbst erzeugten Lebensmittel, Wein und Obstmost zu allen Zeiten des Jahres, wie, wann und zu welchem Preis er will, zu verkaufen und auszuschenken", den Grundstein zur späteren „Buschenschank".

Während im 18. und 19. Jahrhundert der Qualitätswein einen neuerlichen Auftrieb bekam, während man Versuche mit Portugieserreben und Rheinriesling unternahm, als mehr und mehr Bücher über den Weinbau erschienen, fuhren die Wiener bereits quietschvergnügt mit dem von Johann Zeisel eingeführten „Zeiselwagen", einem Pferdebus, zu den alsbald heißgeliebten Buschenschenken der umliegenden Weindörfer. Der große Schrecken kam dann aber gegen Ende des Jahrhunderts, als mit Reben aus Frankreich die Reblaus und – wahrscheinlich aus Italien – der falsche Mehltaupilz eingeschleppt wurde. In einem verheerenden Ausmaß wurden die Weinkulturen vernichtet, bis es dem Gründer der Klosterneuburger Weinbauschule gelang, durch Aufpfropfung europäischer Reben auf reblausfeste kalifornische Reben den Schaden weitgehendst einzudämmen.

In den letzten Jahrzehnten hat sich der Weinbau auf Qualitätsanbaugebiete konzentriert: auf Wien, Niederösterreich, das Burgenland und die Steiermark. Neben Rheinriesling, Weißem Burgunder, Traminer, Welschriesling, Muskat Ottonel, Müller-Thurgau, Ruhländer, Frührotem Veltliner, Bouvier, Muskat Sylvaner, Blaufränkischem, Blauem Portugieser, Blauem Burgunder, St. Laurent und Gelbem Muskateller gibt es einige spezifische österreichische Sorten. Hier sind sie:

Grüner Veltliner: Mit Abstand die verbreitetste Sorte in Österreich, hauptsächlich in Niederösterreich und im Wiener Raum, gehört aber auch im Burgenland zu den beliebtesten Weißweinen. Die Rebe bevorzugt Lehm- und Lößböden, und man nimmt an, daß es sowohl an den Böden wie auch am Klima liegt, daß der Grüne Veltliner, ein spritziger, süffiger Wein, nur in den österreichischen Anbaugebieten seinen spezifischen Geschmack entwickeln konnte. Der bei Winzern, die den Grünen Veltliner wegen seines Ertragsreichtums „Hypothekentilger" nennen, und bei Heurigenbesuchern gleichermaßen beliebte Wein hat eine angenehme Säure und ist gut haltbar.

Neuburger: Die Herkunft des Neuburgers ist ungeklärt. Sicher ist wohl nur, daß er nicht, wie die Legende erzählt, eines Tages als Rebe in der Wachau angeschwemmt und eingepflanzt wurde. Mit Strandgut hat er nichts gemeinsam. Diese neuere Sorte, die vorwiegend in der Wachau, bei Baden, im Burgenland und im Raum Wien wächst, ergibt einen milden, vollen, kräftigen Wein und hat eine von Kennern sehr geschätzte Blume.

Zierfandler und **Rotgipfler:** Hier handelt es sich um zwei verschiedene Sorten, die fast ausschließlich im Weinbaugebiet Baden zu Hause sind. Sie werden vorwiegend als Verschnitt vermarktet und zählen zu jenen Gumpoldskirchner Spezialitäten, die weit über die Landesgrenzen hinaus einen hervorragenden Ruf als Qualitätsweine errungen haben. Der Rotgipfler mit seinem höheren Anteil an Fruchtsäure und der eher schwere Zierfandler ergeben gemeinsam einen rassigen, kräftigen und vollen Wein.

Schilcher: Der hellrote Schilcher, dessen Name sich vermutlich von „schillern" herleitet, wächst seit dem 16. Jahrhundert auf den Urgesteinsböden der Weststeiermark. Er stellt eine ausgesprochen steirische Spezialität dar und schmeckt frischherb, feinsäuerlich und durch den relativ hohen Gerbstoffgehalt manchmal auch etwas bitter. Durch sein beschränktes Verbreitungsgebiet zählt dieser im Geschmack etwas eigenartige Wein zu den weniger bekannten Sorten. Seine Anhängerschar besteht im wesentlichen aus Kennern der Steiermark.

Zweigeltrebe: Die rote, in Niederösterreich und im Burgenland stark verbreitete Zweigeltrebe ist eine erfolgreiche Neuzüchtung des Direktors der Klosterneuburger Weinbauschule, Dr. Fritz Zweigelt. Die Kreuzung aus Blaufränkischem und St. Laurent ergibt einen feinfruchtigen Rotwein, der, in besonders geeigneten Lagen gezogen, Spitzenqualitäten erreicht.

Nächste Doppelseite:
Mit den Füßen oder den Fersen (den calces) *traten die Römer die Weinbeeren, um den Saft herauszukeltern* (calcare). *Auch in schlichteren Fässern als denen der Stiftskellerei Göttweig reift aus dem trüben Most ein klarer, edler Wein heran.*

Von Pharisäern, Einspännern und Konsuln...

... von Piccolos, Kapuzinern und Mazagrans. Verständlicher ausgedrückt: von Kaffee – auf der zweiten Silbe betont mit breit ausgewalztem e – und all seinen phantasievollen Wiener Namen und Zubereitungsarten.

Kaffee bedeutet in Österreich weit mehr als nur ein anregendes Getränk, denn jenem „güt türkisch tranck, gar nahe wie Dinten so schwartz", verdankt man die Kaffeesieder, den Kaffeesiedern verdankt man die Kaffeehäuser, den Kaffeehäusern verdankt man die Literaten, und den Literaten verdankt man jenen 1922 festgeschriebenen Satz von Anton Kuh, wonach ein Kaffeehausliterat „ein Mensch ist, der Zeit hat, im Kaffeehaus darüber nachzudenken, was die anderen draußen nicht erleben".

So will auch die Legende, daß der Kaffee nicht einfach und stillos als teure Handelsware von Italien nach Österreich vordrang, sondern im Zelt des türkischen Wien-Belagerers Kara Mustapha zurückblieb, als dieser eilends das Weichbild der Stadt verlassen mußte. Die siegestrunkenen Wiener hielten allerdings jene geheimnisvollen graugrünen Beutebohnen für ordinäres Kamelfutter, aber da den späteren Chronisten die Geschichte so trivial nicht gefallen wollte, entschlossen sie sich, sie ein wenig aufzuputzen. Zumal das Jahr 1683, jener heiße Wiener Sommer, in dem die Türken ihren Ring immer enger um die Stadt zogen, ohnedies eine dankbare Kulisse war. Beinahe dreihundert Jahre lang glaubte man daher auch das hübsch ausgeschmückte erste Wiener Kaffeehausmärchen: Ein Georg Frantzen Kolschitzky, „ein des Türkischen mächtiger Raize aus dem ungarischen Städtchen Zombor, habe sich am 13. August 1683 bei Nacht und Nebel, todesmutig, durch die Türckischen Läger geschlichen" und sei vier Tage später mit der rettenden Nachricht zurückgekehrt, er hätte das Entsatzheer des Kaisers anmarschieren gesehen. Für „dis allergefährlich Unterfangen", weil er sich „verdienstlich" gemacht habe und „weil er geglaubet hat, der Proviant seynd ihm zu Nutze", wurden ihm viele Säcke davon überlassen. Wenig später eröffnete Kolschitzky in seinem „Handelsgewölb" mit der „Beuth von Wienn" das erste Wiener Kaffeehaus.

So war's – meint man heutzutage – ganz gewiß nicht, und nach neueren wissenschaftlich untermauerten Ansichten schlug die Geburtsstunde des ersten Wiener Kaffeehauses am 17. Jänner 1685, als Kaiser Leopold I. einem in Wien lebenden Armenier, Johannes Diodato, das Privileg verlieh, „daß Türkhische Getränkh, als Caffé, The und Scherbet zu praepariren".

Von Diodato an befreundeten sich die Wiener mehr und mehr mit dem honiggesüßten Trank ihrer vordem ärgsten Widersacher. Sie erlaubten den barbarischen Erbfeinden sogar, „ihre Kräm auszulegen, Feur-Oefen aufzubauen und denen einfältigen Teutschen ein Asiatisches Getränck mit Beyhülf des edlen Wassers zu praepariren, also daß, wo vorhin nur ein Cafée-Haus gewesen, man jetzt in fast allen Gassen und Ecken einen gemahlenen Türcken und ein Kohlfeur heraussen sihet".

Der Aufschwung des neuen Tranks rief auch die „Wasserbrenner" auf den Plan, die den Kaffee nun neben ihren Feuerwässerchen in die Liste der „Lust-getränckh" aufnahmen. Sehr zum Ärger der bürgerlichen Kaffeesieder übrigens, die 1714 bereits Kaiser Karl VI. um ein klar abgegrenztes Privileg bemühten. „Obberührte Eilf Burger, und nach ihnen ihre Nachkommen allein und niemand anderer", verordnete der Monarch, „sollen befuegt seyn, Thee, Caffe, Schogoladi und derley Sorbeten zum Verkauff zu brennen oder gebrennter zuverkauffen."

Wenn auch der erste in Wien ausgeschenkte Kaffee vielleicht nicht aus der Türkenbeute von 1683 stammte, wie es die Legende wissen will – dieses türkische Prunkzelt gehörte bestimmt zur Beute der Kaiserlichen. Und gewiß ist auch, daß Kaiser Leopold I. 1685 dem Armenier Johannes Diodato das Privileg erteilte, »daß Türkhische Getränkh, als Café, The und Scherbet zu praeparieren«.
Die Zahl der Wiener Kaffeehäuser nahm seitdem ständig zu, bis Stefan Zweig von ihnen sagen konnte, sie seien »eigentlich eine Art demokratischer, jedem für eine billige Schale Kaffee zugänglicher Klub, wo jeder Gast stundenlang sitzen, diskutieren, schreiben und vor allem eine unbegrenzte Zahl von Zeitungen konsumieren kann«.
Auf der nächsten Doppelseite das alte Café Griensteidl am Michaelerplatz.

Um 1730 gab es in Wien bereits dreißig offizielle Kaffeehäuser und „und ein paar gut Dutzend im heimlichen Gwölb". Obwohl die *Schogoladi* zur Zeit Maria Theresias versuchte, dem Kaffee den ersten Rang in der Beliebtheitsskala abzulaufen, ist es ihr doch nie gelungen, mehr als eine „Untermieterin" im Kaffeehaus zu bleiben. Und dies, obwohl man im Wiener Rokoko nicht ohne sie auskommen wollte, obwohl Maria Theresias Hofpoet Metastasio eine überschwengliche „Cantata à la Cioccolata" dichtete und der Hofmaler Liotard mit seinem Bild von der liebreizenden, schokoladeservierenden Nandl Baldauf eines jener heißgeliebten Wiener

Klatsch-und-Tratsch-G'schichterln noch mehr anfachte: Das Mädel aus der Vorstadt verliebte sich in den Fürsten Dietrichstein, der Fürst verliebte sich in das Schokoladenmädchen. Eine Liebe, die, von ganz Wien registriert, fast ein Vierteljahrhundert überdauerte, bis sie nach dem Tod der Fürstin legalisiert wurde und die treue Nandl ins Rokokopalais einzog.
Wahrscheinlich lag's auch nicht am Preis, daß die Schokolade den Kaffee nicht verdrängen konnte, obwohl dieser im Gegensatz zum „Drei-Kreuzer-Coffee" fast zehn Kreuzer für den Becher Cioccolata betrug. Aus derselben Zeit etwa kann man nämlich in den Reiseschil-

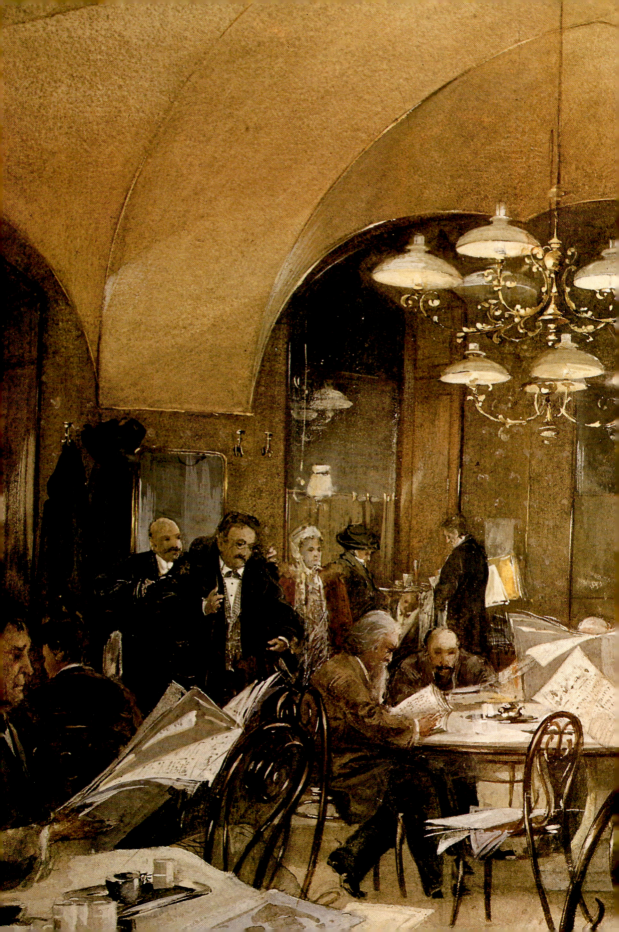

derungen des Berliner Verlegers Friedrich Nicolai nachlesen, „trinke ein Schneidermeister in Wien nicht nur Schokolade zum Frühstück, sondern müsse gleichwohl auch von der besten Sorte haben". Mit den Ansichten Friedrichs des Großen vertraut, wonach „nicht alle Maurer, Mägde und dergleichen von ihrer Hände Arbeit sich ernährenden Personen Coffee trinken sollten", erzürnte es Nicolai, den Untertan Seiner mit Biersuppe erzogenen Majestät, auch, daß man zu allen Zeiten des Tages eine Menge Menschen in den Wiener Kaffeehäusern und Kaffeegärten fände, die sich mit nichts beschäftigten. Und: „Die Menschen, die aus einem Kaffeehaus ins andere, von einem Spaziergang nach dem anderen gehen, sind eine unglaubliche Menge."

Tatsächlich wurde Wien in verhältnismäßig kurzer Zeit eine Art Keimzelle der Kaffeehäuser in ganz Österreich und in aller Welt, wenn auch Venedig der Ruhm zusteht, das „Café" zuerst erfunden zu haben, und Pariser wie Hamburger kurz vor den Wienern in den Genuß des orientalischen Tranks kamen. Dennoch war der Gründer des berühmten Berliner Café Kranzler der Österreicher und Hofkonditor Johann Kranzler. „Keine Gebäude", schrieb John Russel 1825, „stehen in Wien in einem so hohen Preis als Kaffeehäuser und Apotheken. Dies rührt daher, weil hier ebenso, wie in einigen anderen Staaten Niemand eine von diesen Professionen ohne Genehmigung der Regierung treiben darf, eine Genehmigung, die jederzeit kostspielig ist und nicht leicht erhalten werden kann."

Neben Kaffee gab es damals in den Kaffeehäusern auch Schokolade, Tee, Mandelmilch, Punsch, Limonaden und Gefrorenes, ganz „wie es die Jahreszeiten wollten".

„Der gewisse Kolschitzky", schrieb ein zeitgenössischer Chronist, „der, wenn es wahr ist, seinen Kaffee im Schlossergassl bei Sankt Stephan noch wie die Türken gebraut haben soll, mit Milch und Honig daraingetan, tät sich wundern, wieviel Melangen ein guter Kaffeesieder bereits zuzubereiten weiß und wie sehr der Durst nach Kaffee unter die Taglöhner und Marktweiber bekommen ist, die in den Vorstädten an hölzernen Ständen ein Gebräu aus gerösteter Gerste, mit Syrup gesüßt, für weniger als einen Kreuzer kaufen können."

Natürlich sah der Kaffee nicht nur gute Tage. Wirtschaftskrisen trieben den Preis in die Höhe, Napoleons Kontinentalsperre machte ihn rar, und schließlich verbot ein Kaffeepatent seinen Verkauf im Jahr 1810 völlig. Da Verbote in Österreich jedoch nie allumfassend greifen, gab's auch nach wie vor gegen „eine Tax und 60 pro Cent Konventionsmünz als Mauth" ausreichend Kaffee. Wer sich's leisten konnte, mußte keineswegs auf das 1770 in Braunschweig erfundene Zichorienpulver zurückgreifen, auch nicht auf die anderen Surrogate, die „da waren Zwetschkenkern und Buchensamen". Zwetschkenkerne als Surrogat wurden überdies in einem Circulare von 1833 verboten und erst 1836 wieder zugelassen, als sich „nach sorgfältig angestellten Versuchen gezeigt hat, daß diese Kerne im gehörig gerösteten Zustande der Gesundheit nicht schädlich, und daher zur Verwendung bey der Erzeugung von Surrogat-Caffeh zulässig sind".

Surrogate gab's also auch nach Napoleons Kontinentalsperre noch, und wenn man manchen Stoßseufzern von Sittenschilderern des 19. Jahrhunderts Glauben schenken darf, waren die „Kafehsieder" allesamt „geldgierig Pantscher". Aber das dürfte übertrieben sein, denn als der „Kaffee unter die Rezepter kam und jeder sein Rezept taufte, wie er wollte", ging es nur mehr darum, den echten Bohnenkaffee in ungewöhnlichen Variationen anzubieten. Der *Pharisäer* zum Beispiel ging als Täuschler oder Heuchler in die Kaffeegeschichte

Fürst Dietrichstein verliebte sich in das Schokoladenmädchen Nandl Baldauf. Die Kaffeehausbesucher schenkten ihre Gunst mehr und mehr der Schogoladi. *Aber der Kaffee blieb schließlich doch Herr im Haus. Auch seine vielen Zubereitungsarten beweisen das (nächste Doppelseite).*

Pharisäer

Kaffee mit Schleppe

Salon-
Einspänner

Kaffee
Maria Theresia

Einspänner

kleiner Brauner

Piccolo

Kapuziner

Capuccino

Türkischer

Kaiser-Melange

Mazagran

Konsul

großer Brauner

ein, denn wenn er auch ganz harmlos nach Kaffee mit Schlagobers aussieht, so schmeckt er doch ganz gewaltig nach Rum. Der *Einspänner* wiederum ist weder ein Lohnfuhrwerk mit nur einem Pferd noch eine einschichtige Wurst beim Würstelstand, sondern ein Doppelmocca in einem hohen Glas serviert, mit viel Schlagobers und Staubzucker obenauf, der jedoch nur dann stilecht serviert wird, wenn der Schlagobers beim Einwerfen von einem Stück Würfelzucker über den Rand des Glases schwappte. Im Gegensatz dazu, darf der *Salon-Einspänner* nicht überlaufen, denn es wäre jammerschade um den Wodka, den er enthält, und um die Schokoladehohlhippen, mit denen er garniert wird.

Der *Konsul* hingegen ist kein Diplomat, sondern ein schwarzer Kaffee mit einem Schuß Obers und verwandt mit dem *Piccolo,* der hier auch kein Jungkellner, sondern ein *kleiner Schwarzer* mit Obers ist. Während beim *Kapuziner* der schwarze Kaffee in einer kleinen Schale so lange mit dem Obers vermischt wird, bis er exakt die Farbe einer Kapuzinerkutte erhält, serviert man den *Mazagran* kalt, mit Maraschino und Eiswürfeln.

Darüber hinaus gibt es noch die *Kaiser-Melange* mit einem Eidotter im Milchkaffee und den *Kaffee Maria Theresia* mit Orangenlikör, Schlagobershaube und buntem Zuckerstreusel obenauf und ... und ... und ... Es gäbe ein eigenes Büchlein, würde ich hier alle Wiener Kaffeerezepte aufzählen. Einfällen rund um den Kaffee sind und waren in Österreich nie Grenzen gesetzt. So war es dann auch fast selbstverständlich, daß sich in der zweiten Hälfte des 19. Jahrhunderts, als der Zucker billiger und im eigenen Land angebaut wurde, die süße Mehlspeise mit dem Kaffee zusammentat. Wobei gerade jene Mehlspeisen am meisten geliebt wurden, die den Genuß des Kaffees abrundeten, aber nicht durch zu ausgeprägten Eigengeschmack beeinträchtigten. Es waren die Gugelhupfe, die beim *Kaffee mit Schleppe* (mit

Mehlspeis) Karriere machten, und die Strudel, die Kolatschen und die Brioche, die Krapfen und die Schnecken, das Plunderteiggebäck, die Kuchen aus Sand- oder Biskuitmasse und die Kipferln. Nicht die „Kipferln", sondern die „Kipferln": Butterkipferln, Briochekipferln, Vanillekipferln.

Wurden die „feinen Backereyen" und die „Mehlspeisen aus den ordinaren Teigen" im 19. Jahrhundert in der österreichischen Küche zu einer Art Pflichtnachspeis', so kam in den letzten Dezennien der Kaffee dazu. Heute trinkt man ihn nicht mehr nur zum Frühstück oder im Café zwischendurch, sondern man schließt auch die Mahlzeiten am liebsten mit einem *kleinen* oder *großen Braunen,* mit einem Mokka oder *Capuccino,* oder mit einem echten *Türkischen* ab.

Und wer nicht weiß, weshalb man aus einer Nußschale oder aus einer Teeschale Kaffee trinkt, dem sei's hier erklärt. Es gibt vier verschiedene Größen von Kaffeeschalen: die winzige Nußschale, die zu Zeiten der Kontinentalsperre erfunden wurde und heute kaum mehr gebräuchlich ist, die Mokkaschale, in der die *kleinen Braunen* oder die *kleinen Schwarzen* serviert werden, die Doppelmokkaschale, in der die *Großen* oder *Doppelten* auf den Tisch kommen, und die Teeschale, in die man alle Melangen und *Verlängerten* füllt. Ein „Schalerl Kaffee" ist also eigentlich ein „Teeschalerl Kaffee".

Bei dermaßen eigenwilligen Bräuchen ist es nicht erstaunlich, daß Österreicher außer Landes unter fremden Kaffeerezepten und Macharten leiden. Auf ihren Kaffee sind sie heikel, auch auf das beim Zubereiten verwendete Wasser, das sie ohnehin für das weltbeste halten. Und an dem von ihnen kreierten Kaffeehausstil, der auch der Café-Konditorei zuneigt, lassen sie unter gar keinen Umständen rütteln. So schließt sich der Kreis wieder bei der „Mehlspeis", die Sie im anschließenden Rezeptteil so häufig vertreten finden.

Kulinarische Streifzüge

Nach diesem Streifzug durch Österreichs Geschichte und Landschaften wenden wir uns
nun seinen beliebtesten Rezepten zu, die man
alphabetisch von Apfelstrudel bis Wurzelkarp-
fen angeordnet findet. Am Schluß des Buches
gibt's auch ein Verzeichnis nach Rezeptgrup-
pen geordnet. Die Zutaten sind für vier normale
Esser berechnet.

Ausgezogener Apfelstrudel

Von den Türken stammt die Idee zum papierdünnen Teig. Die Ungarn gaben Äpfel und Raffinement hinzu, aber erst die Wiener machten ein Glanzstück der Küchenkunst daraus. Hier wurde das „Ausziehen" zum feierlichen Ritual: Erst wenn der Teig so hauchfein geworden ist, daß man durch ihn hindurch eine Zeitung lesen könnte, ist er wirklich perfekt.

Zum Teig: 300 g Mehl, 1 Ei,
1 Eßlöffel Öl, Salz,
etwa 1/8 Liter lauwarmes Wasser.
Zur Fülle: 80 g Semmelbrösel,
100 g Butter, 1 1/2 kg dünnblättrig
geschnittene, säuerliche Äpfel,
80 g Rosinen, 100 g gehackte Nüsse,
200 g Zucker, 1 Teelöffel Zimt,
1/2 Teelöffel Zitronensaft

Mehl, Ei, Öl, eine Prise Salz und Wasser zu einem weichen, geschmeidigen Teig kneten, mit etwas Öl bestreichen und eine halbe Stunde lang zugedeckt rasten lassen. Dann den Teig in die Mitte eines mit viel Mehl bestaubten Tuches legen, etwas ausrollen, neuerdings mit Öl bestreichen und nun mit bemehlten Handrücken unter den Teig greifen und diesen vorsichtig von der Mitte aus nach allen Seiten so lange ziehen, bis er durchscheinend wird.

Nach dem Abschneiden der verbliebenen dikken Teigränder Brösel in Butter rösten und über den Teig streuen. Äpfel mit Rosinen, Nüssen, Zucker, Zimt und Zitronensaft mischen und über den Teig verteilen.

Durch Hochheben des Tuches wird der Strudel nun eingerollt. Man schlägt die Enden ein und drückt sie fest. Den Strudel auf ein gefettetes Backblech überwälzen, mit zerlassener Butter bestreichen und 30 Minuten bei mittlerer Hitze im Rohr backen. Überzuckern und warm servieren.

Wiener Backhendl

Selbst bei Hofe – so erzählen Chronisten – habe man goldbraun gebackene Hendlhaxerln in die Hand genommen und genießerisch abgenagt. Das ist an einer fein gedeckten Tafel zwar ein wenig stillos, aber beim Heurigen im *Beisl*, am ländlichen Wirtshaustisch oder zu Haus darf man Backhendln auch mit den Fingern essen. Da Backhendln zu jenen Geflügelgerichten zählten, die laut Verordnung im alten Österreich nur dem Adel und den gehobenen Bürgern vorbehalten blieben, galten sie geradezu als kulinarischer Luxus, den sich das Volk, sobald es durfte, nur zu besonderen Gelegenheiten leistete. Heute sind Backhendln längst eine der beliebtesten Spezialitäten der Wiener Küche.

2 junge, zarte Hühner
(pro Person 1 halbes Huhn),
250 g Mehl, 2 Eier, Salz,
1 Eßlöffel Öl, 300 g Semmelbrösel,
Öl oder Fett zum Ausbacken,
2 Bund Petersilie, 1 Zitrone

Die Hühner vierteln, reinigen, in Mehl wenden, durch die mit Salz und Öl aufgesprudelte Eimasse ziehen, beidseitig in die Semmelbrösel drücken und in heißem Fett goldbraun backen. Unmittelbar nach dem Backen auf Küchenkrepp abtropfen lassen, mit Zitronenspalten und durch das heiße Fett gezogener Petersilie garnieren und sofort servieren.
Als Beilage reicht man grünen Salat oder Gurkensalat, der mit Sauerrahm, weißem Pfeffer und gehacktem Dillkraut zubereitet wurde.

Osttiroler Bauerngerstlsuppe

Gerste ist eine der ältesten Kulturpflanzen Europas und wächst auch in alpinen Höhenlagen, selbst noch im Himalaya und in Tibet. Sie enthält vor allem Stärke, Eiweiß und Mineralstoffe. Die geschälten und geschliffenen, polierten Gerstenkörner – *Rollgerste* oder Graupen – eignen sich besonders gut als Suppeneinlage in allerlei Selchsuppen.

Eine Bauerngerstlsuppe wie diese ist ein herzhaftes Gericht für kalte Wintertage und ersetzt eine komplette Mahlzeit.

*150 g Wurzelwerk
(Karotte, Sellerie, Petersilie, Lauch),
1 kleine Zwiebel, 40 g Butter,
80 g Rollgerste, 1 gesurte (gepökelte)
Schweinshaxe, 300 g Brustspeck,
Salz, Pfeffer, eine Prise Muskatnuß,
4 Speckscheiben, Schnittlauch*

Wurzelwerk und Zwiebel in dünne Streifen schneiden und in heißer Butter hell dünsten. Rollgerste dazugeben. Mit Wasser aufgießen. Haxe und Brustspeck einlegen und langsam kochen, bis alles gut weich ist. Dann nimmt man das Fleisch heraus, schneidet es in Würfel und legt es wieder ein. Die Suppe mit Salz, Pfeffer und Muskat abschmecken und in einem Tontopf anrichten. Die Speckscheiben kurz anbraten, auf die Suppe legen und mit Schnittlauch bestreuen. Sehr heiß servieren.

Dazu reicht man Bauernbrot mit Knoblauchbutter (100 g Butter salzen und mit 30 g zerdrücktem Knoblauch gut vermischen).

Bauern-schöpsernes

Im Leben jedes österreichischen Hammels mag es Augenblicke gekränkter Eitelkeit geben: Im Nachruf, auf der Speisekarte, wird man ihn despektierlich *Schöps* nennen. Zwar zieht man hierzulande niemandem „die Schöpsenbeine lang", aber das auf kargen Bergwiesen und nicht auf salzhaltigen Strandwiesen aufwachsende Tier kann in der feinen Küche mit dem „Lamm provençale" (das in Österreich trotz ansteigender Schafzucht meist aus Neuseeland kommt) nicht konkurrieren. In der Schafsfamilie ist der Schöps eben nicht der vornehmste. Dennoch versteht ihn gerade die ländliche Hausfrau in Tirol, Kärnten und in der Steiermark prächtig zuzubereiten.

1,2 kg Schöpsen-(Hammel-)Schulter,
Salz, Pfeffer, etwas Mehl, 100 g Öl,
1 große Zwiebel,
1 Gewürzsträußchen aus
Salbei, Rosmarin und Lorbeer,
1 Liter Rotwein, 2 kg Kartoffeln,
100 g Öl

Fleisch in vier Teile schneiden, salzen, pfeffern, mit etwas Mehl einstauben und rasch in heißem Öl goldbraun anbraten. In einer Kasserolle die feinblättrig geschnittene Zwiebel kurz anrösten, das Fleisch einlegen und das Gewürzsträußchen hinzufügen. Alles zusammen kurz erhitzen, mit dem Rotwein ablöschen und etwa eine Stunde lang zugedeckt dünsten. Dann gibt man die geschälten, in Scheiben geschnittenen und kurz in Öl gerösteten Kartoffeln dazu und läßt sie mitdünsten, bis alles weich ist.
Bauernschöpsernes muß sehr heiß, am besten in der Pfanne oder stilvoller in einem Tontopf auf den Tisch kommen. Dazu paßt frisches Roggenbrot und ein kräftiger Rotwein.

Blätterteig-
pastetchen mit
Briesragout

In der liebevollen Verkleinerung Pastetchen drückt sich schon das Wienerische aus. Pastetchen und Pasteterln, schon im 16. Jahrhundert als „von Teig gemacht, innen hohl und gefüllt wie ein Krapf" beschrieben, ißt man nicht so sehr gegen den Hunger, sondern viel eher, um den Gaumen zu kitzeln. Aus *Gusto* sozusagen, wie man hierzulande den kleinen Appetit nennt, der Feinschmecker immer dann überfällt, wenn etwas Besonderes geboten wird.

1 Paket tiefgekühlter Blätterteig, 1 Ei.
Zur Fülle: 300 g Kalbsbries, Salz,
50 g Butter, 40 g Mehl,
1/4 Liter (Kalbsknochen-) Suppe,
100 g Champignons, 40 g Butter,
frisch gehackte Petersilie, Salz,
Pfeffer, ein Spritzer Zitronensaft

Blätterteig auftauen und mit einer Pastetenform (oder 2 verschieden großen Gläsern) vier Kreise mit ca. 8 cm Durchmesser und vier gleichgroße Ringe (1–1 1/2 cm breit) ausstechen. Die Ringe auf die Kreise setzen, mit verquirltem Ei bestreichen und auf einem gefetteten Backblech goldbraun backen. Bries wässern, langsam einmal aufkochen, Wasser abgießen und auskühlen lassen. Dann in leicht gesalzenem Wasser blanchieren (etwa 20 Minuten kochen), putzen und würfelig schneiden. Aus Butter und Mehl bereitet man nun eine lichte Einbrenn, gießt mit Kalbsknochensuppe auf und läßt sie zu einer sämigen Soße einkochen. Champignons in Butter dünsten, mit den Brieswürfeln in die Soße geben und mit Petersilie, Salz, Pfeffer und Zitronensaft würzen. Das Briesragout in die Pasteten füllen und sofort servieren.

G'radelte Blunzn mit G'röste

Die Erfindung der *Blunzn* – oder Blutwurst –
würden zwar alle österreichischen Bundesländer gerne für sich in Anspruch nehmen, aber
der Preis gebührt keinem. Der Erfinder der
Blutwurst war ein Grieche und hieß Aphthonetos („der Unbeneidete, Gerngesehene"). Er
schaute den alten Spartanern über die Schul-
ter, als sie – möglicherweise nicht immer lustvoll
– jene schwarze Suppe aßen, die ihnen ihr Ge-
setzgeber Lykurgos als einzige Speise zuge-
stand. Aphthonetos behielt zwar das Schweine-
blut aus der Suppe bei, dickte es aber ein, würz-
te es mit Speck und Zwiebeln, füllte alles in einen Schweinedarm, und die erste Blutwurst
war geboren.

*3 Blutwürste, 60 g Butter oder
Schweinefett, 1/2 kg in der Schale
gekochte Kartoffeln, 60 g Butter,
1 Zwiebel, 2 größere säuerliche Äpfel*

Blutwürste in fingerdicke Scheiben schneiden
und gut abbraten.
Die Kartoffeln schälen und feinblättrig schneiden. Butter erhitzen, die feingehackte Zwiebel
leicht anbräunen lassen, nun die Kartoffeln zugeben und alles zusammen gut durchrösten.
Äpfel vom Kernhaus befreien, in fingerdicke
Scheiben schneiden und im Backrohr garen,
bis sie etwa mittelweich sind.
Nun richtet man die Blutwurstscheiben auf einem Holzteller an, garniert sie mit den Apfel-
scheiben und serviert sie mit den Kartoffeln.
Das restliche Bratfett kann man bei Bedarf über
die Wurstradeln gießen.

Salzburger Brandteigstrauben

Die ersten Strauben, erzählt eine alte Chronik, entstanden, als eine verliebte Köchin den Schmarrenteig aus lauter Gedankenlosigkeit ins heiße Schmalz tropfen ließ.
Vielleicht. Der Weg der Strauben läßt sich nicht mehr ganz zurückverfolgen, aber es steht fest, daß sie in den Alpengebieten seit über dreihundert Jahren gekocht werden. Das mag auch die vielfältigen Rezepte erklären. Allein im Salzburgischen gibt es ein halbes Dutzend verschiedene Straubenteige. Am feinsten sind die Strauben aus Brandteig.

1/8 Liter Milch, 125 g Butter, eine Prise Salz, 330 g Mehl, 4 Eier, 2 Eßlöffel Rum, Fett oder Öl zum Ausbacken, 50 g Staubzucker, 1 Kaffeelöffel Zimt

Milch und Butter mit einer Prise Salz zum Kochen bringen. Mehl dazugeben und so lange rühren, bis die Masse glatt wird und sich vom Pfannenrand löst.
Die Masse etwas auskühlen lassen und nach und nach die Eier und den Rum einrühren.
Mit einem Spritzsack Strauben ins heiße Fett spritzen und langsam schwimmend ausbacken.
Die Strauben aus dem Fett nehmen, auf Küchenkrepp abtropfen lassen, den Staubzucker mit Zimt gut vermischen und darüberstreuen.

Bruckfleisch mit Grießblatteln

Eigentlich sollte das Bruckfleisch „Brücken-fleisch" heißen, denn die verwendeten Innerei-en wurden einst direkt von der Schlachtbrücke im Schlachthof weg verkauft und nicht erst abgelagert. Heute bekommt man Bruckfleisch küchenfertig beim Fleischhauer.

300 g Zwiebeln, 120 g Butter,
300 g Wurzelwerk (Karotte, Sellerie,
Petersilie, Lauch), 1 Eßlöffel Essig,
1 1/2 kg Bruckfleisch
(Leber, Herz, Herzröhren, Milz,
Bries, Brustfleisch vom Rind),
1/8 Liter Rotwein, 1 Lorbeerblatt,
Thymian, Majoran, Knoblauch,
Salz, Pfeffer, 30 g Mehl,
etwas klare Suppe oder Wasser.
Zu den Grießblatteln: 1/2 Liter
Milch, 50 g Butter,
100 g Grieß, Salz, Mehl, Ei,
Brösel zum Panieren,
Fett oder Öl zum Ausbacken

Die kleingehackten Zwiebeln in Butter goldgelb rösten, das feingeriebene Wurzelwerk beige-ben, durchrösten und mit einem Eßlöffel Essig ablöschen. Nun gibt man das blättrig geschnit-tene Bruckfleisch mit Ausnahme von Bries und Milz dazu, brät es an und gießt mit Wein auf. Gewürze dazugeben und etwa eine Stunde dünsten. Milzstreifen und Briesscheiben einle-gen, mit Mehl stauben, mit klarer Suppe oder Wasser auffüllen und alles 20 Minuten dünsten. Grießblatteln: Aus Milch, Butter, Grieß und et-was Salz einen Brei kochen. Den heißen Brei auf einem bemehlten Brett etwa 1/2 cm dick ausstreichen, erkalten lassen, dann kreisförmi-ge *Blatteln* ausstechen, in Mehl wenden, durch das verquirlte Ei ziehen, in Bröseln wälzen und in heißem Öl goldbraun backen.

B'soffene Bratäpfel

Wie Eva den Adam mit dem Apfel, so verführt nun Südtirol die Nordtiroler mit seinen herrlichen Äpfeln. Aus einem der größten geschlossenen Kernobstanbaugebiete der Welt an der mittleren Etsch kommen die rotbackigen Jonathan und die Kalterer Böhmer, die leuchtend grünen Golden Delicious und die Gravensteiner mit dem herben Aroma. Was die Zaren sich einst per Pferdewagen in einer langen Reise durch halb Europa nach St. Petersburg schaffen ließen, kommt nun in ein paar Stunden per Brennerbahn nach Österreich.

8 große feste Äpfel, 100 g Rosinen,
50 g Butter, 1 Eßlöffel Zucker,
1/4 Liter Weißwein, 1 Messerspitze
Zimt, 1/16 Liter Apfelschnaps.
Vanillesoße: 1/8 Liter Milch,
1 Vanilleschote, 3 Eidotter,
70 g Zucker, 2 Eßlöffel Süßrahm

Äpfel schälen, das Kernhaus ausstechen, den Hohlraum mit Rosinen ausfüllen und mit Butter, Zucker und Weißwein weichdünsten, bis ein schöner Sirup entsteht. Zum Schluß eine Messerspitze Zimt einrühren.

Nun die Äpfel in einer Kupferpfanne schön anrichten und mit brennendem Apfelschnaps übergießen.

Dazu reicht man eine Vanillesoße: Die Milch mit der Vanilleschote aufkochen. In einer weiteren Kasserolle die Eidotter mit dem Zucker aufschlagen, die kochende Milch darübergießen und unter ständigem Rühren die Masse erneut zum Kochen bringen. Soße passieren und mit etwas Obers verfeinern.

Champignons „Schönbrunn"

Von Kaiser Nero behauptet man, er habe die Champignons als wahre Götterspeise bezeichnet. Die Frage ist nur, ob man dem Großverbraucher von Knoblauch überhaupt Verständnis für den feinen, dezenten Geschmack der Champignons zutrauen darf. Gegeben hat es die Champignons allerdings schon im alten Rom. Im 18. Jahrhundert fanden sie dann in Österreichs Küchen Eingang, und als man zum Wiener Kongreß immer neue Küchenüberraschungen ersann, wurden die Champignons „Schönbrunn" geboren.

500 g große Champignons, Salz, Petersilie, 250 g Hühnerbrust, 100 g Schinken, 2 Eigelb, Salz, 50 g Butter, 1/8 Liter Sauerrahm, Zitronensaft, Schnittlauch

Stiele der Champignons abschneiden, reinigen, fein wiegen, salzen und mit etwas Petersilie so lange dämpfen, bis der Saft verkocht ist. Hühnerbrust und Schinken durch den Fleischwolf drehen, mit Eigelb binden, salzen und mit der Champignonmasse gut vermischen. Nun die Pilzhüte schälen, mit der vorbereiteten Mischung gut füllen, in eine gebutterte, feuerfeste Form legen und im vorgeheizten Backrohr bei mittlerer Hitze eine halbe Stunde lang backen.
Von Zeit zu Zeit mit Sauerrahm übergießen. Vor dem Servieren mit Zitronensaft beträufeln und mit Schnittlauch bestreuen.

Waldviertler Erdäpfelknödel

Kircheninschrift in Prinzersdorf an der Zaya für einen Pfarrer, der seine Sorge zwischen den Seelen der Gemeinde und den Erdäpfeln teilte:

Ihm, dem Pflanzer jener Knollen,
die in großer Not sich so bewährt,
will die Nachwelt ihren Dank hier zollen,
wenn sie seine Ruhestätte ehrt.
Heb ab, Wanderer, dankbar deinen Hut,
hier liegt Johann Eberhard Jungblut.

Dem 1761 aus Holland eingereisten „Erdäpfelpfarrer" ist es zu danken, daß jene Knollen die Anbauflächen Niederösterreichs eroberten, als gerade der Siebenjährige Krieg zwischen Österreich und Preußen zu Ende gegangen war. Heute noch kommen aus dem niederösterreichischen Waldviertel die größten Kartoffeln, die in Ostösterreich allerdings hartnäckig „Erdäpfel" heißen.

300 g Kartoffeln, gekocht,
1 kg Kartoffeln, roh, Salz,
2 Eßlöffel Stärkemehl

Die gekochten Kartoffeln schälen und fein reiben. Dann die rohen Kartoffeln in eine Schüssel mit kaltem Wasser reiben, durch ein Tuch seihen und fest ausdrücken. Nun mischt man die gekochten mit den rohen Kartoffeln, salzt sie und verknetet sie mit der im Preßwasser zurückgebliebenen Kartoffelstärke und etwas Stärkemehl zu einem glatten Teig. Mit nassen Händen formt man Knödel daraus, legt sie in kochendes Salzwasser ein, läßt sie zwanzig Minuten kochen und dann noch einmal fünf Minuten ziehen. Waldviertler Erdäpfelknödel schmecken besonders zu Schweine- oder Rindsbraten.

Burgenländisches Erdbeerkoch

Nein, nicht „der" Koch, sondern hier heißt es „das" Koch. Brein, Mus und Koch waren von alters her beliebte Brauchtums- und Festtagsspeisen, sofern sie sich durch besondere Zutaten vom gewöhnlichen Brei unterschieden. Zwischen Apfel- und Zitronenkoch gibt es zum Beispiel mehr als hundert verschiedene Rezepte für Koche, wobei Jahreszeiten und Landesprodukte immer eine große Rolle spielen. So ist auch das burgenländische Erdbeerkoch kein Zufall, kommen doch aus dem Ländchen rund um den Neusiedlersee Österreichs beste Erdbeeren.

500 g Erdbeeren,
250 g Kristallzucker, 3 Eiklar,
1/2 Zitrone, 50 gButter,
1 Päckchen Vanillezucker,
1/8 Liter Schlagobers (Schlagsahne)

Erdbeeren waschen, anschließend durch ein Sieb pressen und mit dem Zucker gut vermischen. Nun kocht man in einer Kasserolle die Masse zu einem dicklichen Brei auf und läßt ihn auskühlen. Aus den drei Eiklar einen sehr festen Schnee schlagen und mit dem Saft einer halben Zitrone unter die Erdbeermasse ziehen. Nun rührt man alles zusammen einige Minuten vorsichtig, aber gut durch (eventuell mit dem Mixer auf niedrigster Stufe) und gibt noch etwas feingehackte Zitronenschale dazu. Eine feuerfeste Schüssel mit Butter ausstreichen, die Masse einfüllen und bei mittlerer Temperatur langsam im Rohr backen.
Mit Vanillezucker bestreuen und mit gesüßtem Schlagobers servieren. Dazu passen Biskotten (Löffelbiskuits) besonders gut.

Esterhazy Rostbraten

„Was ein König kann, kann ich auch", sagte Österreichs Feldmarschall aus ungarischem Magnatengeschlecht Miklos von Esterhazy und baute eine Art ungarisches Versailles in die Kleine Tiefebene. Im grandiosen Schloß Esterháza war Kaiserin Maria Theresia zu Gast; Goethe pries den Luxus des Schlosses in „Dichtung und Wahrheit", und Joseph Haydn hatte dort seine Glanzzeit als fürstlicher Kapellmeister. Das Rezept für den Rostbraten mit dem fürstlichen Namen erfand ein fürstlicher Koch.

4 Rostbraten, Salz, Pfeffer,
50 g Butter oder Fett,
250 g Wurzelwerk
(Karotte, Petersilie, Lauch, Sellerie),
1 Zwiebel, 1 Messerspitze Paprika,
etwas Mehl, etwas klare Suppe oder
Wasser, 1/2 Zitrone, 1/8 Liter
Sauerrahm

Die geklopften und an den Rändern eingeschnittenen Rostbraten salzen, pfeffern, auf beiden Seiten rasch anbraten und aus der Pfanne nehmen. Im verbliebenen Bratfond die gehackte Zwiebel und das feinnudelig geschnittene Wurzelwerk anrösten, mit Paprika würzen, mit Mehl stauben und mit etwas klarer Suppe (oder Wasser) aufkochen. Dann Rostbraten einlegen und alles zusammen im Backrohr weich dünsten lassen. Zum Schluß mit Zitronensaft würzen, den Sauerrahm aufgießen und die Rostbraten noch einmal kurz aufkochen lassen.
Als Beilage eignen sich breite Bandnudeln oder Nockerln.

Fasan im Speckhemd

Im Grunde genommen ist es eine Barbarei, den Fasanenhahn seines buntschillernden Gefieders zu berauben und in ein eher farbloses Speckhemd zu hüllen. Leider hat jedoch die Westwärtsreise des heiligen Wildvogels aus den Buschdickichten Asiens schon seit 1500 Jahren oft in Kochtöpfen geendet. Zuerst in griechischen, dann in römischen, und mit den Römern gelangte der *Avis phasianos* als Leckerbissen in alle Teile des Reiches. Auch nach Österreich, wo er vornehmlich in den Auen des Marchfeldes, nahe der ungarischen Grenze, gejagt wird.

2 junge Fasane, Salz, Pfeffer,
300 g Speck, 60 g Butter,
100 g blaue Weintrauben

Die bratfertigen Fasane innen und außen salzen und pfeffern. Große, dünne Speckscheiben rundum legen, die Fasane wie Brathühner binden und in heißer Butter von allen Seiten kurz anbraten. Im Backrohr bei 220–250 °C weiterbraten, von Zeit zu Zeit wenden und mit dem eigenen Saft – eventuell gestreckt mit etwas Suppe – begießen.
Vor dem Anrichten überflüssiges Fett abschöpfen und blaue Weintrauben in den Fond geben. Als Beilage reicht man Rotkraut und Kartoffelcroquetten.

Bregenzer Felchenfilets

Unter den lachsartigen Fischen aus der Familie der Renken sind besonders die Blaufelchen berühmt geworden. Für die Bodenseefischer bedeuten sie schon seit Jahrhunderten die wichtigste Existenzgrundlage. Nicht zuletzt deshalb werden sie sorgfältig klassifiziert. In Bregenz nennt man Felchen im ersten Lebensalter *Heuerling,* im zweiten *Stübe,* im dritten *Gangfisch,* im vierten *Renke,* im fünften *Halbfisch* und im sechsten *Dreier.* Felchensaison ist zwischen Mai und Oktober.

*800 g Felchenfilets, Salz, Pfeffer,
40 g Butter, 1 Eßlöffel Petersilie,
1/8 Liter Weißwein,
1 Eßlöffel Zitronensaft, 40 g Butter,
30 g Mehl, 1 Eßlöffel Dille,
1 Eßlöffel Süßrahm (Obers)*

Die Filets salzen, pfeffern und in eine mit Butter ausgestrichene feuerfeste Form einlegen. Feingehackte Petersilie darüberstreuen, Wein und Zitronensaft zugießen, mit Aluminiumfolie abdecken und im mittelheißen Rohr zehn Minuten dünsten, dann die Filets auf eine Wärmeplatte legen. Nun erzeugt man aus Butter und Mehl eine lichte Einbrenn, löscht mit dem Fischsud ab und gibt nach kurzem Aufkochen die gehackte Dille und den Süßrahm zu. Die so entstandene Soße wird kurz vor dem Servieren über die Felchenfilets gegossen.
Als Beilage eignen sich Salzkartoffeln und eine Salatplatte.

Fiakergulasch

Wiener Fiaker sind Originale. Seit der erste Lohnkutscher 1693 seine Lizenz erhielt, lebt der ganze Berufsstand ein sagenumwobenes Leben nach einem besonderen Ritual. Auch heute tragen die wenigen verbliebenen Fiaker noch die alten Kostüme von anno dazumal: zur Pepitahose eine Samtjacke und einen steifen Hut, den man *Stößer* nennt. Ähnlich eigenartig dekoriert ist auch das Gulasch, das ihren Namen trägt und den ungarischen Ursprung unter einer wienerischen Garnitur verbirgt.

1 kg Rindfleisch (Wadschinken),
100 g Schweinefett, 800 g Zwiebeln,
1 Spritzer Essig, 40 g Paprika
(edelsüß), 1 Eßlöffel Paradeismark
(Tomatenmark), 1 Knoblauchzehe,
etwas Majoran, Kümmel, Salz,
4 Eier, 2 Paar Frankfurter,
4 Essiggurkerln

Das Fleisch würfelig oder dickblättrig schneiden. Die gehackten Zwiebeln in heißem Fett goldgelb rösten und mit etwas Essigwasser ablöschen. Das Fleisch beigeben, Paprika, Paradeismark, die zerdrückte Knoblauchzehe, Majoran, Kümmel und Salz hinzufügen und vorerst alles im eigenen Saft dünsten. Sobald der Saft verkocht ist, wenig Wasser zugießen und weiterdünsten, wobei man immer wieder etwas Wasser nachgießt. Wenn das Fleisch kernweich geworden ist, mit so viel Wasser auffüllen, daß das Fleisch gerade von der Soße bedeckt wird. Dann läßt man es etwa noch zehn Minuten langsam kochen, bis sich die rotbraun gefärbten Fettaugen an der Oberfläche zeigen. Stilvoll serviert man das Fiakergulasch in portionsgroßen Kupferkesselchen mit einer Garnitur aus Spiegelei, einem Einspänner (ein einzelnes Frankfurter Würstchen) und mit einem fächerartig geschnittenen Essiggurkerl.

Fischbeuschel-suppe

Eine richtige Donauuferspezialität, von der Johann Nestroy nach ihrem Genuß einmal gesagt haben soll: „Und wenn sie einen alten Schuh aus dem Fluß fischten, die Wiener Feinspitze, dann würden sie auch noch ein Supperl daraus kochen, daß die Venus, die angeblich die Bouillabaisse erfunden haben soll, ganz blaß würd' vor Neid."

Kopf, Schwanzstück, Gräten vom Karpfen, 1 Zwiebel, 1 kleines Lorbeerblatt, Pfefferkörner, Thymian, 2 Eßlöffel Essig, Salz, Rogen vom Karpfen, Spritzer Essig, Salz, 1 Teelöffel Zucker, 50 g Butter, 40 g Mehl, 120 g Wurzelwerk (Karotte, Petersilie, Sellerie, Lauch), 1/8 Liter Rotwein, 1/16 Liter Sauerrahm, Zitronensaft, Petersilie, Weißbrotwürfel

Karpfenkopf, Schwanzstück und Gräten waschen und in etwa 1 1/2 Liter Wasser mit Zwiebel, Lorbeerblatt, Pfefferkörnern, Thymian, Essig und Salz langsam weichkochen. Das Fischfleisch von den Knochen lösen, grob hacken und warmstellen. In einem zweiten Topf den Karpfenrogen mit wenig Wasser, Essig, Salz und Zucker kochen, mit einer Gabel zerdrükken und mit einer Schneerute aufschlagen.
In einem dritten Topf aus Butter und Mehl eine lichte Einbrenn herstellen, das geriebene Wurzelwerk darin kurz anrösten und mit Rotwein ablöschen. Fischsud vorsichtig durchseihen, über das Wurzelwerk gießen und neuerdings 15 Minuten kochen lassen. Zum Schluß Karpfenfleisch und Rogen einlegen und die Suppe mit Sauerrahm und Zitronensaft abschmecken. Serviert wird die Suppe mit gehackter Petersilie und gerösteten Weißbrotwürfeln bestreut.

Gamsschlegel in Weinbeize

Lade, ehe die Gams du hast,
auf ihren Braten keinen Gast.

Die Gemse oder Gams lebt rudelweise in den
Alpen und ernährt sich von Kräutern und jun-
gen Sträuchern. Das scheue und schwer zu ja-
gende Tier hatte es einst Maximilian I. angetan.
Er kreierte die Gamsjagd ohne Armbrust und
Handbüchse, wobei die Tiere auf unwegsame
Grate getrieben und dort von kühnen Jägern
mit einem langen Spieß erstochen wurden.

Beize: 1/2 Liter Rotwein,
1/2 Liter Wasser, 300 g Wurzelwerk
(Karotten, Sellerie, Petersilie),
1 Zwiebel, 1 Lorbeerblatt,
Pfefferkörner, Salbei.
1 Gamsschlegel, 150 g Speck,
60 g Butter, 30 g Mehl

Zuerst die Beize mit allen Zutaten rasch aufkochen und auskühlen lassen. Nun in einem großen Steingut- oder Porzellantopf eine Schicht
in Scheiben geschnittenes Wurzelwerk einlegen, darauf den ausgelösten, abgehäuteten
Schlegel und mit einer weiteren Schicht Wurzelwerk bedecken. Beize darübergießen, so
daß das Fleisch völlig bedeckt ist. Gut zudecken
und drei bis fünf Tage an einem kühlen Ort stehen lassen. Dann das Fleisch herausnehmen,
trockentupfen, mit Speckstreifen spicken und
in etwas Butter und den Speckabfällen in einer
Kasserolle rundum gut anbraten. Mit Beize ablöschen, etwa die Hälfte des Wurzelwerkes beifügen und den Schlegel weich dünsten. Die Soße passieren, mit etwas Mehl binden und sehr
heiß über das zerteilte Fleisch gießen.
Dazu serviert man Semmelknödel, Pfifferlinge
und als Garnitur Preiselbeeren in Orangen-
körbchen.

Burgenländer Gänseleber

Strahlende Sonne, Straßendörfer, weißes Federvieh, das gelassen über die Fahrbahn schreitet: Burgenland. Erschreckte Autofahrer wissen ein Lied davon zu singen, das weniger enthusiastisch klingt als das Loblied der Gourmets. Für die Gans macht es keinen Unterschied, denn die burgenländischen Gänse genossen schon immer einen ausgezeichneten Ruf und wanderten seit Jahrhunderten wegen ihres feinen Fleisches und ihrer schönen, fetten, weißen Leber in die Kochtöpfe.

400 g Gänseleber, 1/2 Liter Milch, Salz, 80 g Gänsefett, 1 kleine Zwiebel, 1 Messerspitze Paprika

Gänseleber gut waschen und eine Stunde in Milch legen. Herausnehmen, abtrocknen und leicht salzen. In einer Kasserolle das Fett erhitzen, die in Scheiben geschnittene Zwiebel und die Gänseleber im ganzen einlegen und etwa 20 Minuten – bei mehrmaligem Übergießen – im vorgeheizten Backrohr braten. Anschließend die Leber in Scheiben schneiden, auf einer vorgewärmten Platte anrichten, das Bratfett mit dem Paprika verrühren und darübergießen. Sehr heiß servieren. Dazu passen Bratapfelscheiben und Toast.

Germknödel mit geriebenem Mohn

Mohn, ursprünglich asiatischer Herkunft, gab es schon bei den neolithischen Pfahlbauern, und Germ – Hefe – als Heilmittel kannten schon die Babylonier und die alten Ägypter. Wann sich Germ, Mohn und Powidl in der österreichischen Küche zusammentaten, ist nicht mehr exakt zu eruieren. Sicher ist jedoch, daß Kaiserin Maria Theresia sich das Powidl in großen Fässern eigens von Prag schicken ließ.

---

250 g glattes Mehl, 1/16 Liter Milch, 10 g Germ (Hefe), 10 g Zucker, Salz, 1 Eidotter, 30 g Butter, etwas Milch, 100 g Powidl (Zwetschkenmus), 1 Teelöffel Rum, 1 Messerspitze Zimt, 50 g geriebener Mohn, 60 g Staubzucker, 60 g Butter

---

Mehl in eine große Schüssel geben. Milch etwas anwärmen, mit dem zerbröselten Germ und dem Zucker glattrühren und über das Mehl gießen. Salz, Eidotter und zerlassene Butter beigeben und alles zu einem glatten Teig verarbeiten – eventuell noch etwas Milch zufügen – und so lange abschlagen, bis sich der Teig vom Kochlöffel löst. Anschließend Teig mit einem Tuch abdecken und an einen warmen Ort ca. eine Stunde lang aufgehen lassen.

Powidl mit Rum und Zimt gut verrühren. Den aufgegangenen Teig in zwölf gleichgroße Stücke teilen, je einen Teelöffel Powidl in die Mitte der etwas breitgedrückten Stücke legen und zu Knödeln formen. Die Knödel auf ein bemehltes Brett legen und noch einmal etwa 25 Minuten aufgehen lassen. In mildem Salzwasser auf kleiner Flamme 6 Minuten kochen, dann umdrehen und 6 Minuten fertigziehen lassen.

Zum Servieren mit reichlich Mohn und Zucker bestreuen und mit brauner Butter übergießen.

Vorarlberger Gitzibraten

Gitzi nennt man es in Vorarlberg, *Kitz* im übrigen Österreich. Die jungen Zicklein sind ein besonders beliebter Osterbraten und wurden früher einmal im Stubenofen zubereitet. Jetzt schiebt man sie ins Backrohr, doch an der Würze hat sich nichts geändert. Der Gitzibraten muß heute wie damals aromatisch nach Majoran duften.
In Österreich kommt der beste Majoran aus dem Burgenland. Der sogenannte Neusiedler Majoran wird im Frühling zwischen den Salatpflanzen angebaut und mit einem durch viele Generationen vererbten Wissen gepflegt.

1 1/2 kg Kitz, Salz, Pfeffer,
1/2 Teelöffel Majoran, 80 g Butter,
500 g Kartoffeln

Das Fleisch salzen, pfeffern, mit Majoran gut einreiben und von allen Seiten in Butter anbraten. Nun setzt man Butterflocken auf, schiebt den Braten ins Backrohr und brät ihn bei mittlerer Hitze. Nach etwa einer halben Stunde kleine geschälte, ganze Kartoffeln hinzufügen, salzen und weiterbraten lassen, bis das Fleisch und die Kartoffeln weich sind.
Gitzibraten mit grünem Salat servieren.

Grießnudeln mit Glühwein

Der Zimt, der beim Glühwein eine so große Rolle spielt, wurde bereits 2800 Jahre vor Christi Geburt in einem chinesischen Kräuterbuch erwähnt. Die getrocknete Innenrinde des Zimtbaumes brauchte noch fast dreitausend Jahre, bis sie erstmals auf österreichischem Boden eintraf. Ein römischer Centurio – so will es die Fama – habe Unmengen von Glühwein mit besonders reichlich Zimt brauen lassen, als seine Soldaten beim Bau der Straße über den Tauernpaß in Wind und Schneetreiben allen Mut verloren. Da die Straße fertiggestellt wurde, muß es wohl genützt haben.

1/2 Liter Milch, Salz, 120 g Grieß,
50 g Butter, 1 Eidotter,
Zitronenschale, 100 g Mehl, 2 Eier,
150 g Bröseln, Öl zum Backen.
Glühwein: 1 Liter Rotwein,
100–200 g (je nach Geschmack)
Zucker, 10 Gewürznelken, zwei
kleinfingerlange Stücke Zimtrinde,
1 Zitronenscheibe

Milch aufkochen, etwas salzen, Grieß einrühren und kurz weiterkochen lassen. In einer Schüssel Butter schaumig rühren, Eidotter und etwas geriebene Zitronenschale dazugeben und mit dem gekochten Grieß zu einem lockeren Teig verrühren. Aus dem Teig Nudeln formen, in Mehl wenden, durch die versprudelten Eier ziehen und in Bröseln wälzen. Öl erhitzen und die Nudeln goldbraun backen.

Glühwein: Rotwein (eventuell mit etwas Wasser gemischt) mit allen Zutaten in einem glasierten Topf bis nahe zum Kochgrad erhitzen und sofort zu Tisch bringen.

Etwas Glühwein wie eine Soße zu den Grießnudeln reichen, den Rest in Bechern servieren.

Tiroler Gröstl

„In jedem Wirtshaus", berichtete August von Kotzebue nach seiner Tirolreise von 1804, „gibt es Herrenmahlzeiten, Fuhrmannsmahlzeiten und Hochzeitsmahle. Bei letzteren bezahlen Frauenspersonen acht Kreuzer weniger als die Mannspersonen."
Tatsächlich gibt es auch heute noch ein *Herrengröstl* und ein *Bauerngröstl,* wobei letzteres dem echten, unverfälschten Tiroler Gröstl entspricht.

---

60 g Butter (oder Schweinefett), 1 Zwiebel, 500 g gekochtes Rindfleisch, 150 g geräucherte Wurst, Salz, Pfeffer, Majoran, 500 g gekochte Kartoffeln, 50 g Butter, Salz, Petersilie

---

In heißer Butter die feingehackte Zwiebel goldgelb rösten, das feinblättrig geschnittene Fleisch und Wurstscheiben zugeben, mit Salz, Pfeffer und etwas Majoran würzen und alles rasch durchrösten.
In einer zweiten Pfanne die geschälten und in dünne Scheiben geschnittenen Kartoffeln in heißer Butter leicht ankrusten lassen, salzen, mit dem Fleisch vermengen und mit gehackter Petersilie bestreut anrichten.
Zum Gröstl oder tirolerisch *Gröschtl* serviert man Krautsalat oder Speckkraut.
Speckkraut: 500 g Sauerkraut weich dünsten, 150 g würfelig geschnittenen und mit einer Zwiebel gerösteten Selchspeck untermischen, mit Salz und Kümmel abschmecken und kurz weiterdünsten.

Hecht in Sardellensoße

Der Hecht lebt ein räuberisches Leben im Süßwasser. Seinem großen Appetit und seinen spitzen Zähnen fallen Fische, Frösche und kleine Wasservögel anheim, er macht aber auch vor den eigenen Artgenossen nicht halt. Untersuchungen haben ergeben, daß 97 % der Junghechte im frühesten Kindesalter im Verwandtenkreis verlorengehen. Der Räuber selbst ist jedoch zweijährig reif für die Pfanne. Er wiegt dann zwei bis drei Kilogramm, und seine Filets sind besonders zart und schmackhaft.

4 Hechtfilets, Salz, Pfeffer,
Zitronensaft, 50 g Butter,
4 Sardellen, Petersilie, 2 Eßlöffel
Rindssuppe

Die Hechtfilets mit Salz, Pfeffer und Zitronensaft einreiben und in Butter langsam auf beiden Seiten goldbraun braten. Hechtfilets aus der Pfanne nehmen und auf einer vorgewärmten Platte anrichten. Die Sardellenfilets und die Petersilie klein hacken, in den Bratfond geben, mit etwas Rindssuppe kurz aufkochen und die Soße über die Filets gießen.
Dazu schmecken Bouillonkartoffeln am besten: Kleine rohe Kartoffeln werden geschält und mit 100 g nudelig geschnittenem Wurzelwerk in Rindssuppe weichgekocht. Mit dem Wurzelwerk, aber ohne Suppe, anrichten.

Hirnpofesen

Bei den *Pofesen* scheiden sich die Geister. Die einen sagen *Bofesen* und schreiben ihre Erfindung dem Leibkoch Maria Theresias zu, die anderen plädieren für *Bovesen,* in einigen Tälern sagt man *Profesen,* und letztendlich kann man auch noch *Pavesen* hören, weil sie mit Brot bereitet werden wie die *zuppa pavese* oder in ihrer Form manchmal aussehen wie die mittelalterlichen Schilde der *Pavese,* der Leute von Pavia. Die Schreibweise *Pofesen* ist eher ein Kompromiß, aber gerade deshalb zutiefst österreichisch.

500 g Kalbshirn, 50 g Butter,
1/2 Zwiebel, 1 Eidotter, Petersilie,
Salz, Pfeffer, Zitronensaft,
8 Weißbrotscheiben (viereckiges
Toastbrot), 1/8 Liter Milch, 2 Eier,
150 g Brösel, Öl zum Backen

Kalbshirn einige Minuten in heißes Wasser legen, abhäuten und fein hacken. Die kleingeschnittene halbe Zwiebel in Butter anbräunen, Hirn dazugeben und fertigrösten. Sobald das Hirn gar ist, nimmt man es vom Feuer, bindet es mit dem Eidotter und würzt es mit gehackter Petersilie, Salz, Pfeffer und Zitronensaft.

Inzwischen zieht man die Weißbrotscheiben durch die mit Eiern versprudelte Milch, wendet sie in Semmelbröseln und bäckt sie in heißem Öl goldgelb.

Die Hirnmasse wird jeweils auf ein gebackenes Brot gestrichen und mit der zweiten Scheibe abgedeckt. Man kann das Hirn allerdings auch schon vor dem Panieren zwischen zwei Brotscheiben streichen, aber das spätere Einstreichen verhindert ein Auseinanderfallen der Pofesen beim Backen.

Als Beilage grünen Salat reichen.

Montafoner Hirschrücken

Das von der Ill durchflossene Hochtal zwischen den Gipfeln des Rätikon und der Verwallgruppe ist für seine schmackhaften Wildgerichte bekannt. Der Montafoner Hirsch ist auch noch auf dem Tisch von allem umgeben, was in seinem Revier wächst: von den Wacholderbeeren mit ihrem bittersüß-harzigen Geruch, von den Pfifferlingen, die immer ein wenig nach Waldboden schmecken, und von den herbsüßen Preiselbeeren.

1 Hirschrücken, Salz, Pfeffer,
100 g Speck, 60 g Butter,
Wacholderbeeren, 40 g Butter,
1 Eßlöffel gehackte Petersilie, 300 g
Pfifferlinge (Eierschwammerln)

Den gut abgehangenen Hirschrücken mit Salz und Pfeffer einreiben und mit in Streifen geschnittenem Speck gleichmäßig in Reihen spikken. Mit der Fleischseite in die Bratpfanne legen, Wacholderbeeren dazugeben und mit der erhitzten Butter übergießen. Bei mäßiger Hitze braten, öfters mit Butter aus der Pfanne übergießen und, sobald das Fleisch weich ist, umdrehen, fertigbraten und wenn nötig noch etwas Suppe aufgießen.

In einer zweiten Kasserolle Butter erhitzen, feingehackte Petersilie kurz anbraten, junge Pfifferlinge im ganzen – oder größere in Scheiben geschnitten – dazugeben und dünsten. Den Hirschrücken auf einer Warmhalteplatte anrichten, mit den Pfifferlingen garnieren und als Beilage Spätzle und Preiselbeeren reichen.

Altwiener Hühnertopf mit Markknöderln

Eiergerichte und Hühnersuppen wußten bereits unsere Vorfahren zu schätzen. Aus dem 15. Jahrhundert liegt uns das Rezept für einen *Hühnertopf* vor, der mit Huhn und Hase, mit Blut und Gewürzen zubereitet wurde.

1 Suppenhuhn, Suppengrün, 150 g Wurzelwerk (Karotte, Sellerie, Lauch, Petersilie), 150 g Champignons, 100 g Erbsen, Salz, Muskat. Markknöderl: 2 Semmeln, 1 Ei, 50 g Rindermark, Petersilie, Salz, Semmelbrösel

Das ausgenommene Huhn mit Magen, Herz und Leber in 2 1/2 Liter kaltem Wasser zustellen, aufkochen lassen, den Schaum abschöpfen, das Suppengrün einlegen und langsam weichkochen.

In einer Kasserolle das feinnudelig geschnittene Wurzelwerk, die Champignons und die Erbsen in etwas Suppe dünsten und, sobald alles weichgekocht ist, in die Suppe geben.

Das weichgekochte Huhn aus der Suppe nehmen, enthäuten, das von den Knochen gelöste Fleisch in Streifen schneiden und mit den blättrig geschnittenen Innereien in eine Suppenschüssel legen. Die Suppe salzen, mit etwas Muskat abschmecken und mit dem gekochten Gemüse über das Huhn gießen.

Vorher Markknöderln zubereiten: Semmeln in etwas Wasser weichen, ausdrücken, passieren, mit dem Ei und dem weichen Rindermark verrühren, etwas gehackte Petersilie dazugeben und mit den Semmelbröseln binden. Kleine Knöderln formen. 8 Minuten in Salzwasser kochen und in die Suppe einlegen.

Jägerbraten im Netz

Lassen Sie sich vom Namen nicht irritieren, hier wird weder ein Jäger gebraten, noch ging ein Wild ins Netz. Der „Jäger" steht in diesem Fall nicht für Wild, sondern für Wald und die Pilze des Waldes, und das Netz stammt nicht von einem Fischer, sondern vom Schwein.

1 Zwiebel, 50 g Butter, 1 Semmel, 1/8 Liter Milch, 500 g Faschiertes (Gehacktes), halb Rindfleisch, halb Schweinefleisch, 1 Ei, Salz, Pfeffer, Petersilie, 1 Schweinsnetz, 40 g Butter, 200 g Pilze, 1/8 Liter Sauerrahm

Die feinblättrig geschnittene Zwiebel in Butter goldgelb rösten. Semmel in Milch weichen, ausdrücken. Das Faschierte mit der gerösteten Zwiebel und der geweichten Semmel, mit Ei, Salz, Pfeffer und gehackter Petersilie zu einer glatten Masse verkneten. Mit nassen Händen zu einer Rolle formen und in das Schweinsnetz einhüllen. Die Rolle in eine mit Butter ausgestrichene Form legen und bei mittlerer Hitze unter öfterem Begießen im Backrohr braten.

Butter erhitzen, die feinblättrig geschnittenen Pilze anrösten, mit Wasser oder Suppe aufgießen und fertigdünsten. Zum Schluß rührt man den Sauerrahm ein.

Nun den fertigen Braten auf einer gewärmten Platte anrichten. Die Pilze mit dem Bratfond vermischen und über den Braten gießen. Als Beilage eignet sich Polenta.

Steirischer Jägerwecken

Man muß kein Jäger sein, um eine Bergtour zu unternehmen, und man muß den Jägerwecken nicht unbedingt als Proviant in den Rucksack stecken. Er eignet sich genauso gut für die Bewirtung von Gästen und hat dabei noch den Vorteil, daß er, in Alufolie eingeschlagen, im Kühlschrank zwei bis drei Tage lang wunderbar frisch bleibt.

1 Sandwichwecken, 100 g Butter,
2 Sardellen, 2 hartgekochte Eier,
Petersilie, 1 Eßlöffel Öl, Salz,
Pfeffer, 100 g Schinken,
100 g Zunge, 100 g Salami,
100 g Edamer, 100 g Wurst,
2 Essiggurkerln, 10 Pistazien

Wecken vorbereiten, indem man die Enden abschneidet und ihn mit einem Kochlöffelstiel so weit aushöhlt, daß nur mehr die Rinde und etwa 1 cm Schmoll (Inneres) übrigbleibt. Butter schaumig rühren, Sardellen und Eidotter passieren, Petersilie fein hacken und alles zusammen mit Öl, Salz und Pfeffer gut verrühren. Die übrigen Zutaten kleinwürfelig schneiden und daruntermischen. Die Fülle von beiden Seiten lückenlos in den ausgehöhlten Wecken füllen. Die abgeschnittenen Brotenden andrükken, den Wecken in Pergamentpapier oder Alufolie einschlagen und in den Kühlschrank legen. Nach einer Stunde ist er gebrauchsfertig. In 1 cm dicke Scheiben schneiden und schön auflegen.

Kaisergugelhupf

„Vielleicht kommen Majestät einmal auf einen Gugelhupf bei mir vorbei", sagte die mit dem leichtsinnigen und hochverschuldeten ungarischen Baron Kiß von Itepe verheiratete Bäckermeisterstochter und Hofschauspielerin Katharina Schratt zu Kaiser Franz Joseph. So erzählt man sich's zumindest. Der Kaiser nahm die Einladung an, und aus einem Gugelhupf wurden unendlich viele Gugelhupfe, und die allerhöchsten Frühstücksbesuche liefern heute noch nostalgischen Autoren viel Stoff für Legenden.

1/4 Liter Milch, 30 g Germ (Hefe),
1 Eßlöffel Mehl, 150 g Butter,
80 g Zucker, 6 Eidotter,
80 g Rosinen, eine Prise Salz,
Zitronenschale, 500 g glattes Mehl,
80 g gehobelte Mandeln,
Staubzucker

Aus lauwarmer Milch, Germ, 1 Eßlöffel Mehl ein sogenanntes *Dampfl* herstellen (alles glatt verrühren), warmstellen und aufgehen lassen, bis die Masse doppelt so hoch ist. Butter und Zucker schaumig rühren, Dotter, Rosinen, Prise Salz, geriebene Zitronenschale und nach und nach das Mehl dazugeben. Mit dem Dampfl zu einem glatten Teig vermischen und so lange abschlagen, bis sich der Teig vom Kochlöffel löst und ein „seidiges" Aussehen bekommt. Den Teig in eine gebutterte, mit den gehobelten Mandeln bestreute Gugelhupfform einfüllen, zudecken und an einem warmen Ort noch einmal bis zum Rand der Form aufgehen lassen. Anschließend bei mittlerer Hitze etwa 40 Minuten backen. Auf ein Brett stürzen, auskühlen lassen und überzuckert servieren.

Kaiserschmarren

Der Schmarren ist ein ganz einfaches Bauern-
küchenkind, das im Laufe der Jahrhunderte
Karriere gemacht hat. Ursprünglich aus grob
gemahlener Hirse mit Wasser oder Milch zubereitet, kam er erst viel, viel später mit Zucker
und Rosinen in Berührung. Mit dem Kaiser
wahrscheinlich nie. Die Legende, wonach sich
der Kaiser bei einer Jagd verirrte und der Bau-
ersfrau vor Schreck die Omelette zu Schmarren
zerfiel, ist eben nur eine Legende.

*200 g Mehl, eine Prise Salz,
4 Eidotter, 1/4 Liter Milch, 4 Eiklar,
30 g Staubzucker, etwas Butter,
40 g Rosinen, Butter zum Backen,
Staubzucker*

Aus Mehl, Salz, Eidottern und Milch einen glatten Teig rühren und den aus vier Eiklar mit Zuk-
ker ausgeschlagenen festen Schnee darunter-
ziehen. In einer Omelettenpfanne Butter erhitzen, die Teigmasse fingerdick eingießen und
Rosinen darüberstreuen. Sobald der Teig auf
der Unterseite goldbraun ist, wenden und auf
der zweiten Seite backen. Anschließend mit
zwei Gabeln in kleine Stücke zerreißen, auf einer Platte anrichten, mit Staubzucker bestreuen
und sofort servieren. Als Beilage eignet sich das
etwas herbe Preiselbeerkompott besonders
gut.

Kaiserschnitzel

Die österreichische Schnitzelliste ist schier endlos: Wiener Schnitzel, Naturschnitzel, Sardellenschnitzel, Paprikaschnitzel, Champignonschnitzel, Zigeunerschnitzel, Parmesanschnitzel, Rahmschnitzel usw. Nach einem der ältesten Rezepte wird das Kaiserschnitzel zubereitet.

4 Kalbsschnitzel vom Schlegel, Salz, 30 g Mehl, 40 g Butter, 1/2 Zwiebel, Zitronenschale, 1 Eßlöffel Kapern, 1 Teelöffel gehackte Petersilie, etwas Mehl, 1/8 Liter Weißwein, 1/8 Liter Sauerrahm, 1/8 Liter klare Suppe

Kalbsschnitzel klopfen und an den Rändern leicht einschneiden, damit es sich nicht aufrollt. Salzen und auf einer Seite in Mehl tauchen. Butter erhitzen und die Schnitzel zuerst auf der bemehlten Seite braten. Sobald sie goldbraun sind, wenden und auf der zweiten Seite fertig braten. Schnitzel herausheben und warmstellen. Im Bratfond die halbe feingehackte Zwiebel mit etwas geriebener Zitronenschale anrösten, Kapern und Petersilie dazugeben, mit wenig Mehl stauben, mit Weißwein ablöschen, Sauerrahm beigeben, leicht anziehen lassen und mit Suppe zu einer molligen Soße verkochen. Soße über die Schnitzel gießen. Dazu reicht man Reis und frischen Salat.

Kalbsbries gebacken

Schon vor dreihundert Jahren kannte man in der Küche der Salzburger Erzbischöfe mindestens ein Dutzend gepflegte Rezepte für die Zubereitung von Bries. Damals richtete man es aber sehr üppig mit Muscheln und Morcheln an, oder man servierte es nur als Beilage zu anderen Fleischspeisen. Heute hält man sich lieber an den zarten, feinen Eigengeschmack von Bries, ohne ihn durch viel Würze zu verderben.

500 g Kalbsbries, Salz, 100 g Mehl,
2 Eier, 2 Eßlöffel Milch,
100 g Semmelbrösel,
Öl zum Backen, 1 Zitrone

Das Bries in kaltem Wasser gut waschen, überbrühen und nach dem Erkalten sauber putzen. In fingerdicke Scheiben schneiden, salzen, in Mehl wenden, durch die mit etwas Milch versprudelten Eier ziehen und in Bröseln wälzen. In heißem Öl schwimmend auf beiden Seiten goldbraun backen. Anrichten und mit Zitronenspalten garnieren. Zu gebackenem Bries paßt Häuptel- oder Vogerlsalat (Feldsalat).

Kalbsnieren auf Safranreis

Safran stammt von den Blütennarben einer hellviolett blühenden Krokuspflanze, die einen rotgelben Farbstoff enthalten. Er ist das teuerste Gewürz der Welt. Für ein Kilogramm Safran müssen die Blütennarben von etwa 100 000 Pflanzen geerntet werden. Ein sehr hochrangiger Safran kommt aus dem indischen Kaschmir, jedoch wird er auch in Österreich aus Krokuspflanzen gewonnen. Er macht nicht nur „den Kuchen gehl", er gelangte im vorigen Jahrhundert auch in die Suppentöpfe und über den „Risotto Milanese" in einige Reisgerichte, vor allem in Tirol und Kärnten.

2 Eßlöffel Öl, 1 kleine Zwiebel, 350 g Reis, Rindssuppe, 1/2 Teelöffel Safran, 2 Kalbsnieren, Salz, Pfeffer, 2 Eßlöffel Öl

In einer Kasserolle Öl erhitzen, die feingehackte Zwiebel leicht anbräunen, den trockenen Reis dazugeben und durchrühren, bis er glasig wird. Mit etwas Suppe ablöschen. Dann den in wenig heißem Wasser aufgelösten Safran beifügen, salzen und den Reis auf kleiner Flamme langsam kochen. Ab und zu Suppe aufgießen (insgesamt nicht mehr als 1 1/2 Liter) und gut durchrühren. Wenn nur mehr wenig Flüssigkeit vorhanden und der Reis fast gar ist, darf nicht mehr gerührt werden. Sobald er eine dicksuppige Konsistenz aufweist, vom Feuer nehmen und noch etwas rasten lassen.
Die Nieren von einem Teil ihres Fettmantels befreien, unter fließend kaltem Wasser waschen, salzen, pfeffern, in fingerdicke Scheiben schneiden, auf beiden Seiten mit Öl bestreichen und in den vorgeheizten Grill einlegen.
Sobald die Nieren gar sind, auf Safranreis servieren. Dazu grünen Salat.

Alttiroler Kapuzinerfleisch

Mit dem Kapuzinerorden ist dieses Gericht nur im übertragenen Sinn verwandt. Das verwendete Kalbfleisch bekommt durch die aufgesteckten Nierenscheiben ein *Kappl*, eine Art Kapuze. Und wie einst die Kapuze an der Mönchskutte zur Namenspatronin der Kapuziner wurde, so leitet sich hier durch die Fleischgarnitur der Name ab.

4 Scheiben Kalbsbraten, 4 Scheiben Kalbsnieren, Salz, Pfeffer, 2 Eßlöffel Öl, 1/8 Liter Weißwein, 200 g grüne Bohnen, gekocht, 4 Scheiben Räucherspeck, 1 kleine Knoblauchzehe, Basilikum

Auf je eine Scheibe Kalbsbraten eine entfettete Nierenscheibe mit einem Zahnstocher feststekken, salzen, pfeffern, mit reichlich Öl bepinseln und rasch auf beiden Seiten anbraten. In eine Kasserolle mit etwas Öl und Weißwein legen, die gekochten grünen Bohnen und die Speckscheiben beifügen, mit Knoblauch und Basilikum abschmecken und alles zusammen langsam gardünsten. Kapuzinerfleisch sehr heiß servieren. Dazu passen Schnittlauchkartoffeln.

Kärntner Kasnudeln

Im Mittelalter hießen sie noch Käskrapfen, und das war eigentlich richtiger, denn die Kärntner Nationalspeise wird zwar aus Nudelteig zubereitet, aber mit wirklichen Nudeln hat sie keine Ähnlichkeit. Das typische an den Kasnudeln ist jedoch nicht so sehr die Form als vielmehr die Fülle. Sie stammt aus einer Zeit, wo die Milch- und Käsewirtschaft ein Haupterwerbszweig der Kärntner Bevölkerung war.

500 g Mehl, 1 Ei, Salz, 1 Eßlöffel Öl, Wasser.
Fülle: 500 g trockener Topfen (Quark), 250 g gekochte, passierte Kartoffeln, 2 Eier, Salz, Minze, Schnittlauch, Sauerrahm nach Bedarf, 80 g Butter, Petersilie

Aus Mehl, Ei, Salz, Öl und Wasser einen glatten, geschmeidigen Nudelteig zubereiten und einige Zeit rasten lassen. Inzwischen werden die Zutaten zur Fülle gut durchgemischt und bei Bedarf mit etwas Sauerrahm aufgelockert. Den Teig auf einem bemehlten Brett messerrückendick ausrollen, runde Blättchen mit einem Durchmesser von 8–10 cm ausstechen, auf jedes einen Eßlöffel Fülle geben, zusammenklappen und die Ränder sehr fest aneinanderdrücken. Die Nudeln, die nun aussehen wie kleine Krapfen, in kochendem Salzwasser etwa 10–12 Minuten garen. Sobald sie an die Oberfläche steigen, herausnehmen, gut abtropfen lassen, auf eine Platte legen, mit brauner Butter übergießen und mit etwas gehackter Petersilie bestreuen.
Zu den Kasnudeln sollte ein Kärntner Obstler nicht fehlen.

Kastanien-Obersschaum

Vergessen Sie kurzfristig alle Joules: Dies ist kein Gericht für die schlanke Linie! Die Kastanien, ursprünglich im kleinasiatischen Kastana beheimatet, gelangten in Europa zuerst nach Sizilien und von Sizilien nordwärts. In Österreich wurden sie in größerem Maße gegen Ende des 18. Jahrhunderts bekannt, und dort trafen sie wenig später auf den billiger gewordenen Rübenzucker. Zur Erinnerung: Die ersten Runkelrüben züchtete Freiherr von Jaquin 1799 zwar noch im Wiener Botanischen Garten, aber nicht lange danach besiegte der billigere Rübenzucker bereits den exotischen Rohrzucker, und der österreichischen Mehlspeisschwemme stand nichts mehr im Wege.

1/2 kg Kastanien,
150 g Kristallzucker, 1 Päckchen
Vanillezucker, 2 Eßlöffel
Maraschino, 1/2 Liter Schlagobers
(Schlagsahne), 20 g Staubzucker,
kandierte Kirschen

Kastanien schälen, kochen und passieren. Die Masse auskühlen lassen, Zucker, Vanillezucker und Maraschino einrühren. Schlagobers mit dem Staubzucker sehr steif ausschlagen und vorsichtig unter das Kastanienpüree ziehen. Die Masse in bauchige Gläser einfüllen, kaltstellen und mit kandierten Kirschen garnieren.

Steirisches Klachelfleisch

Die Steiermark, jenes Bundesland, das sich als erstes mit Österreich vereinigte, und seine Hauptstadt Graz, die im 16. und 17. Jahrhundert einige Jahrzehnte lang Hauptstadt von Innerösterreich war, gilt – nach Tirol – als Zentrum der frühen Kochbuchschreiber. Der steirische Erzherzog Max ließ 1607 allein 600 Rezepte handschriftlich aufzeichnen, und 1686 erschien in Graz bereits das erste gedruckte Kochbuch. Aber diese ersten Kochbücher taugten vorerst nur für die höfische Küche. Ein „für jeden Stand taugliches Grätzerisches Kochbuch" erschien erst gegen Ende des 18. Jahrhunderts.

1 Schweinsstelze (Eisbein), 150 g Suppengrün, Salz, 1 Lorbeerblatt, Wacholder- und Pfefferkörner, Majoran, 40 g Butter, 40 g Mehl, 1 Eßlöffel Essig, Weißbrotwürfel, Schnittlauch

Die Stelze vom Fleischhauer in ca. 2 cm dicke Scheiben zersägen lassen. Mit Suppengrün und Gewürzen in Wasser weichkochen. Butter erhitzen, Mehl zugeben und zu einer lichten Einbrenn verrühren. Die abgeseihte Suppe darübergießen und mit Essig abschmecken. Weißbrotwürfel und wenig Butter goldgelb anrösten und mit kleingehacktem Schnittlauch über die Suppe streuen. Die Scheiben der Schweinsstelze mit gekochten Kartoffeln (Salzkartoffeln) und frisch gerissenem Kren anrichten.

Tiroler Krapfen

Als man Krapfen noch allein in der bäuerlichen Küche zubereitete, gab es dazu *Nuischmalz*, das mit Milch, Mehl, Zucker, Butter und Honig hergestellt wurde. Mit einem Blick auf die Jouletabelle vergißt man heutzutage das Nuischmalz lieber und läßt es bei einer guten Fülle bewenden. Auch die verhältnismäßig schwere Fülle aus Dörrbirnen, Feigen, Mohn und Semmelbröseln ersetzt man heutzutage oft durch Marmelade. Ich rate ihnen zu Himbeeren oder Preiselbeeren.

1/8 Liter Milch, 120 g Butter, 500 g Mehl, Prise Salz, 200 g Marmelade, 50 g Semmelbrösel, Öl oder Fett zum Backen

Milch wärmen und die Butter darin langsam aufgehen lassen. Mehl auf ein Brett häufeln, salzen und mit dem lauwarmen Milch-Butter-Gemisch zu einem mittelfesten Teig verkneten. Den Teig etwa eine halbe Stunde rasten lassen, dann dünn ausrollen und in etwa 12 cm große Quadrate schneiden. Je einen Löffel mit Semmelbröseln vermischter Marmelade in die Mitte geben, die Quadrate zusammenfalten, so daß Dreiecke entstehen, und diese mit einem Teigrad bogenförmig abradeln. Die Nahtstellen gut zusammendrücken.

Die Krapfen in heißem Fett oder Öl schwimmend herausbacken. Auf Küchenkrepp abtropfen lassen, auf einem Holzteller anrichten und möglichst sofort servieren. Wenn das nicht möglich ist, mit einer Stoffserviette abdecken und im Backrohr bei etwa 50 °C und offener Backrohrtüre warmhalten.

Tiroler Leber mit Polenta

Die Wiener Küche weiß mit der Polenta wenig anzufangen. Was ursprünglich die Holzknechte im eigenen *Plentnkessel* draußen im Wald über offenem Feuer kochten, blieb der alpenländischen Küche vorbehalten: als *Polenta* oder *Plentn* in Tirol, als *Türkensterz* in Kärnten und in der Steiermark und als *Plentenkoch* im Salzburgischen. Liebhaber meinen, auch heute noch sei die Polenta aus dem kupfernen Plentenkessel unerreicht. Sie schmeckt aber auch aus einem gewöhnlichen Topf und besonders gut zu Leber, Gulasch, Beuschel, Niere und zu Wildgerichten mit kräftigen Soßen.

500 g Kalbsleber, 100 g Speck, 1 Zwiebel, 40 g Butter, 1 Eßlöffel Mehl, Salz, Pfeffer, Zitronensaft, Kapern, 1/8 Liter Weißwein, 1/8 Liter Rindssuppe.
Zur Polenta: 300 g Maisgrieß, knapp 1 1/2 Liter Wasser, Salz, 50 g Butter

Leber in dünne Scheiben schneiden, mit Speckscheiben und der gehackten Zwiebel rasch in Butter anrösten, mit Mehl stauben, gut durchrösten, mit Salz, Pfeffer, Zitronensaft und Kapern würzen, mit Weißwein ablöschen und in Rindssuppe garen.
Polenta: Den Maisgrieß unter ständigem Rühren ins kochende, gesalzene Wasser einfließen lassen. Weiterrühren und etwa eine halbe Stunde kochen, bis sich die Polenta vom Topfrand löst. Die Masse in eine mit Wasser ausgeschwenkte Form drücken und auf eine Platte stürzen. Einige Butterflocken aufsetzen und rasch servieren.

Linzertorte

Die Linzertorte wurde nicht in Linz geboren, sondern wahrscheinlich zu Beginn des 18. Jahrhunderts in der Hofküche der Salzburger Fürsterzbischöfe. Berühmt wurde sie auch nicht durch einen Linzer, sondern durch den reiselustigen Fürsten Hermann von Pückler-Muskau, der nicht nur wegen seiner Reisebücher und seiner Gartenbücher, sondern auch wegen seiner exzentrischen Art und seiner Vorliebe für erlesene Desserts bekannt wurde.

140 g Mehl, 140 g Butter, 140 g geriebene Mandeln, 140 g Zucker, 1 Ei, 1/2 Kaffeelöffel Zimt, 1 Messerspitze Nelkenpulver, 1/2 Zitrone, 1 Tasse Ribiselmarmelade (Johannisbeer), 1 aufgeschlagenes Ei, 40 g gehobelte Mandeln, 1 Päckchen Vanillezucker, Staubzucker

Mehl auf ein Brett häufeln, die Butter mit der Hand gut abbröseln und mit Mandeln, Zucker, Ei, Zimt, Nelkenpulver und dem Saft einer halben Zitrone einen glatten Teig kneten. Den fertigen Teig in zwei Hälften teilen und etwa eine halbe Stunde rasten lassen. Eine Springform mit Butter ausstreichen und eine Teighälfte so mit den Fingern eindrücken, daß rundherum ein etwa drei Zentimeter hoher Rand entsteht. Nun streicht man die Ribiselmarmelade ein und verfertigt aus der zweiten Teighälfte etwa 1 1/2 cm breite Teigstreifen, die wie ein Gitter über die Marmelade gelegt werden. Gitter mit aufgeschlagenem Ei bestreichen und mit gehobelten Mandeln bestreuen. Die Torte mit mittlerer Hitze ca. 60 Minuten goldbraun backen. Vanille- und Staubzucker mischen und darüberstreuen.

Linzertorte kann man auf Vorrat backen. Sie schmeckt auch noch nach Tagen frisch.

Liptauer Käse

Soweit sich die Geschichte des Liptauers zurückverfolgen läßt, verrührte wahrscheinlich vor rund hundert Jahren erstmals eine Siebenbürger Hausfrau Topfen aus Schafsmilch mit etwas Butter und färbte das Gemisch mit einer Prise Paprika.

Man könnte also uneins sein, ob es sich bei Liptauer um eine ungarische, eine österreichische oder – wie kulinarische Chauvinisten behaupten – um eine böhmische Spezialität handelt. Sicher ist nur, daß sich der pikante Streichkäse heute aus der österreichischen Küche nicht mehr wegdenken läßt.

200 g Topfen (Quark), 200 g Butter, 1 kleine Zwiebel, 2 Eßlöffel Sauerrahm, 1 Teelöffel Senf, 8–10 gehackte Kapern, 1 passierte Sardelle, 1 süßsaure Gurke, Kümmel, Pfeffer, Salz, 1 Teelöffel Paprika edelsüß

Topfen passieren und mit der schaumig gerührten Butter vermengen, die kleingehackte Zwiebel, den Sauerrahm, den Senf, die Kapern, die Sardelle und die kleingehackte Gurke untermischen, mit Kümmel, Pfeffer, Salz und Paprika würzen und gut durchrühren. Liptauer wird mit Radieschen, kleinen Salzbrezeln und grünen Paprikastreifen garniert.

Ein hübscher Effekt entsteht, wenn man Liptauer fest in eine von Kernen befreite grüne Paprikaschote einpreßt, die Schote dann zwei Stunden in den Kühlschrank legt und anschließend in etwa einen halben Zentimeter dicke Ringe schneidet. Die Liptauerringe eignen sich besonders gut zur Garnierung von Käseplatten.

Wachauer Marillenknödel

Was wäre die Küche der Wachau ohne die herrlich duftenden, saftigen, wohlschmeckenden Marillen. Bei Aggsbach, direkt unter dem Raubritterhorst Aggstein, beginnen die berühmten Wachauer Marillengärten, und Spitz am anderen Donauufer mit seinem legendenumwobenen Tausendeimerberg ist die Marillenhauptstadt schlechthin. Hier ist's, wo man den Marillenkirchtag feiert und wo man die besten Marillenknödel nach einem alten Rezept zubereitet.

1 kg Kartoffeln, 350 g Mehl,
40 g Butter, 1 Ei, Prise Salz,
500 g Marillen (Aprikosen),
Würfelzucker, 1/16 Liter
Marillenbrand, 80 g Butter,
100 g Semmelbrösel, Staubzucker

Kartoffeln in der Schale weichkochen, schälen und passieren. Noch warm mit Mehl, Butter, Ei und Salz zu einem glatten Teig verarbeiten. Den Teig mehrfach teilen, jeden Teil zu einer gleichmäßigen Wurst formen, breitdrücken, mit einer Marille belegen, deren Kern durch ein in Marillenbrand getauchtes Zuckerstück ersetzt wurde, und mit den Händen zu einem Knödel formen. Die Knödel in kochendes Wasser einlegen und so lange kochen lassen, bis sie nach oben steigen. Butter erhitzen, Semmelbrösel leicht anbräunen und die aus dem Wasser genommenen, abgetropften Marillenknödel in der Bröselmasse wälzen. Überzuckern und rasch servieren.

Milirahmstrudel mit Kanarimilch

Mit Absicht steht hier „Kanarimilch", denn der Milirahmstrudel ist ein Alt-Wiener Lieblingsgericht, und damals nannte man die mit Vanilleschoten lichtgelb gefärbte Milch eben nach den gefiederten Sängern.

Strudelteig: siehe gezogener Teig
unter Apfelstrudel (Seite 54).
Fülle 6 Semmeln, ca. 1/4 Liter Milch,
100 g Butter, 120 g Staubzucker,
1 Zitrone, 4 Eidotter, Prise Salz,
1/4 Liter Sauerrahm, 4 Eiklar,
60 g Rosinen, Staubzucker,
80 g Butter, 1/4 Liter Milch.
Kanarimilch: 1/2 Liter Milch,
2 Eidotter, 1 Vanilleschote,
60 g Zucker

Semmeln abrinden, in Milch einige Zeit weichen lassen, ausdrücken und passieren. Butter schaumig rühren, Zucker, Zitronensaft, etwas abgeriebene Zitronenschale, die Eidotter und eine Prise Salz beifügen und nach und nach die Semmelmasse und den Sauerrahm einarbeiten. Die Eiklar zu einem steifen Schnee schlagen und unter die Masse ziehen. Die Semmelmasse auf den vorbereiteten Strudelteig auftragen, mit Rosinen bestreuen, den Strudel mit einem Tuch aufrollen und in eine mit Butter ausgestrichene Form wälzen. Mit zerlassener Butter bestreichen und im Rohr bei mittlerer Hitze 50 Minuten backen. Nach der Hälfte der Backzeit mit 1/4 Liter kochender Milch übergießen. Überzuckern und mit Kanarimilch servieren.
Kanarimilch: Die Milch mit zwei Eidottern verrühren, mit der Vanilleschote und dem Zucker erwärmen und schaumig schlagen. Warm servieren.

Milzschnitten-suppe

Die heiße Liebe zur Rindssuppe findet in der Wiener Küche ihren Niederschlag in den ungeheuer vielfältigen Suppeneinlagen. Lassen Sie sich nicht davon abschrecken, daß die Herstellung der Milzschnitten etwas Zeit in Anspruch nimmt, Suppen sind nun einmal hierzulande keine Nebensache.

Zur Suppe: 800 g saftiges Rindfleisch, 200 g Rindsknochen, 120 g Wurzelwerk (Karotte, Sellerie, Petersilie, Lauch), 1 Zwiebel, 6 Pfefferkörner, 50 g Rindsleber, 50 g Rindsmilz, Salz.
Zu den Milzschnitten: 30 g Butter, 1/2 Zwiebel, 1 Rindsmilz, 1 Teelöffel gehackte Petersilie, Salz, Pfeffer, 2 Eier, 4 Weißbrotscheiben, Öl zum Ausbacken, Schnittlauch

Suppe: Fleisch und die gutgewaschenen Knochen in kaltem Wasser zustellen. Eine Stunde langsam kochen lassen. Das in Stücke geschnittene Wurzelwerk, die Zwiebelhälften mit der Schale, Pfefferkörner, Leber, Milz und Salz beigeben und bei mäßiger Hitze 1 1/2 bis 2 Stunden weiterkochen. Die fertige Suppe durch ein Tuch seihen.

Milzschnitten: Butter erhitzen, die feingehackte Zwiebel goldgelb rösten. Die rohe Milz mit der Gabel ausstreichen, mit Petersilie, Salz und Pfeffer würzen und mitrösten. Die Eier unterrühren und auskühlen lassen. Die ausgekühlte Masse auf die Weißbrotscheiben streichen und mit der bestrichenen Seite nach unten ins heiße Öl geben. Nach 3 Minuten umdrehen und auf der Unterseite fertigbacken. Herausnehmen, über Küchenkrepp abtropfen lassen, in Scheiben schneiden und in die heiße Rindssuppe einlegen, mit Schnittlauch bestreut servieren.

Palffyknödel

Um die Wahrheit zu sagen: Die Idee, Knödelmasse in einer Serviette zu kochen, stammt aus der Zeit, „als Böhmen noch bei Österreich war …". Wahrscheinlich kamen solcherart zubereitete Knödel erstmals im barocken Palais der Grafen Palffy in Prag auf den Tisch. Später hat man sie in Wien eingebürgert und im Gegensatz zu Böhmen, wo man Palffyknödel auch heute noch oft als Süßspeise mit Zucker und Zimt ißt, zur Fleischbeilage erklärt. Zu Gulasch, Beuschel und Schweinebraten sind sie Favoriten.

5 Semmeln, 1/8 Liter Milch, 3 Eier, 30 g Speck, 1 kleine Zwiebel, 150 g Butter, 1 Eßlöffel gehackte Petersilie, Salz, 1 Eßlöffel Mehl

Die Semmeln entrinden, würfelig schneiden und mit den in Milch versprudelten Eiern übergießen. Speck und die kleingehackte Zwiebel leicht anrösten. Die Butter schaumig rühren, mit der Semmelmasse, dem Speck, der Zwiebel, der Petersilie, Salz und einem Eßlöffel Mehl gut vermengen. Die Masse etwas rasten lassen, auf eine befeuchtete, mit Butter bestrichene Leinenserviette legen, zu einer länglichen Form zusammenrollen und die Enden der Serviette fest mit Spagat (Bindfaden) abbinden. Die Rolle an einem Kochlöffel befestigt in kochendes Salzwasser hängen. 30 Minuten kochen lassen. Anschließend unter kaltem Wasser kurz abschrecken, den Knödel auswickeln, in fingerdicke Scheiben schneiden und rasch servieren.

Panadelsuppe

Ein bißchen Ähnlichkeit mit der italienischen *Panata* darf man der Panadelsuppe ruhig nachsagen. Letzten Endes unterscheiden sich die beiden Suppen aber durch die besondere Note. In der Panata kommt Parmesan vor, die Panadelsuppe aber wird mit Muskatnuß gewürzt.

Die Muskatnuß, einst von moslemischen Händlern aus Java nach Europa gebracht, wird hierzulande vor allem für legierte und gebundene Suppen, für Gemüse- und Kartoffelgerichte viel verwendet.

Ein Tip: Am besten sind die runden Muskatnüsse. Bewahren Sie gemahlene Muskatnüsse nie in Plastikbehältern, sondern immer nur in Gläsern auf.

200 g Semmeln, 1 1/2 Liter Kalbsknochensuppe, 1 Zwiebel, 50 g Butter, Salz, Pfeffer, Muskatnuß, 1/8 Liter Obers (Sahne), 1 Eidotter, Schnittlauch

Die abgerindeten Semmeln blättrig schneiden und mit der siedenden Kalbsknochensuppe verkochen. Mit der Schneerute die Suppe aufschlagen, bis sich die Semmeln vollständig aufgelöst haben. Die feingehackte Zwiebel in Butter goldgelb rösten und in die Suppe geben. Mit Salz, Pfeffer und Muskatnuß würzen. Nun die Suppe vom Feuer nehmen und mit Obers und Eidotter legieren. Mit Schnittlauch bestreut servieren.

Gefüllte Paprika

Vor dem Zerfall der österreichisch-ungarischen Monarchie war das Burgenland Teil des ungarischen Königreiches. Der Speisepaprika, der heute im Bereich des Neusiedler Sees angebaut wird, ist daher auch ein ungarisches Erbe. Aller Wahrscheinlichkeit nach kam die Paprikapflanze zu Beginn des 16. Jahrhunderts sowohl aus dem Westen wie aus dem Osten nach Europa. Die Türken, 150 Jahre lang in Ungarn ansässig, brachten die in Indien heimischen Sorten mit und pflanzten das exotische Gewürz für ihren eigenen Bedarf an. Als die Türken in ihre Grenzen zurückverwiesen wurden, blieb der Paprika in Ungarn und gilt heute als Kennzeichen der ungarischen Küche.

*8 frische, grüne Paprikaschoten,
50 g Butter, 1 Zwiebel,
400 g faschiertes (gehacktes)
Kalbfleisch, Salz, Pfeffer,
100 g gekochter Reis, 50 g Butter,
1 Eßlöffel Mehl, 400 g gekochte,
passierte Tomaten*

Von den Paprika mit einem spitzen Messer eine Kappe abschneiden, die Kerne entfernen und die Schoten innen und außen gut waschen. Butter erhitzen, die feingehackte Zwiebel hellbraun anrösten, das Fleisch dazugeben und kurz mitrösten, salzen, pfeffern und mit dem gekochten Reis vermischen. Nun füllt man die gründlich durchgerührte Masse in die vorbereiteten Paprikaschoten und stellt diese mit der Öffnung nach oben in eine gebutterte Kasserolle. Aus Butter und Mehl eine lichte Einbrenn herstellen und mit den gekochten, passierten, gesalzenen Tomaten zu einer Soße verrühren. Die Tomatensoße über die Paprika gießen und das Ganze im Rohr bei mittlerer Hitze etwa 20 Minuten lang dünsten.

Waldviertler Pilzstrudel

Was dem westlichen und südlichen Österreich die Krapfen und das Schmalzgebackene sind, sind dem nordöstlichen und östlichen Österreich die Strudel. Von Apfelstrudel bis Zibebenstrudel gibt es für jeden Buchstaben des Alphabets zumindest einen Strudel: süße und gesalzene, gebackene und gekochte, mit ausgezogenem, geschlagenem, gerührtem und geknetetem Teig. Eine traditionelle Sommermahlzeit ist der Waldviertler Strudel mit den frischen Pilzen.

Ein ausgezogener Teig (siehe Rezept Apfelstrudel S. 54), 50 g Butter, 1 Eßlöffel gehackte Petersilie, 300 g Pilze.
60 g Butter, Petersilie

Strudelteig über einer Serviette ausziehen. Butter erhitzen, Petersilie und Pilze leicht anrösten, etwas Wasser aufgießen und dünsten, bis die Pilze weich sind. Die ausgekühlte Fülle in den Strudelteig mit der Serviette einrollen, die Serviette an beiden Enden gut abbinden und mit dem Strudel im gesalzenen Wasser hängend auf kleiner Flamme kochen. Nach ca. 20 Minuten herausnehmen, abtropfen lassen, den Strudel mit brauner Butter übergießen, mit Petersilie bestreuen und sofort anrichten.

Steirisches Poulard

Poularden sind gemästete, vor der Geschlechtsreife geschlachtete Junghühner. Den berühmten französischen *poulets de Bresse* kommen die steirischen Poularden am nächsten. Sie werden seit über hundert Jahren als *Poularde de Styria* weitum exportiert und an Ort und Stelle mit sehr viel Phantasie zubereitet.

1 Poulard, 2 Semmeln, 2 Eier,
1/8 Liter Milch, 60 g Butter,
1 Hühnerleber, 1 Eßlöffel gehackte
Petersilie, Rosmarin, Salz,
50 g Butter, 1 Eßlöffel Cognac

Poulard vorrichten, waschen und die Brust einschneiden und mit der Hand die Öffnung erweitern. Semmeln feinblättrig schneiden. Eier und Milch verquirlen und über die Semmeln gießen. Etwa eine halbe Stunde rasten lassen. Inzwischen die Hühnerleber in 20 g Butter gut durchrösten und in schmale Streifen schneiden.
40 g Butter schaumig rühren, mit der Semmelmasse, der Hühnerleber, der gehackten Petersilie, Rosmarin und etwas Salz gut vermischen. Die Masse in die geöffnete Brust und in den Bauch des Poulards füllen. Poulard salzen, mit heißer Butter übergießen und etwa eine Stunde im mittelheißen Backrohr braten. Wiederholt mit Eigenfett begießen und zwischendurch einen Eßlöffel Cognac darüberträufeln. Herausnehmen, tranchieren und mit grünem Salat servieren.

Räucherteller mit Wacholderbutter

Echter Bauernspeck, Rindsgeselchtes, Kaminwurz'n oder Schwarzwurz'n, die ganzen Köstlichkeiten aus der Rauchkuchl gehören auf einen Holzteller. Ein gut beladener Holzteller, dazu ein würziger Enzian oder ein markanter Wacholderschnaps und frisches Bauernbrot: mehr kann man sich für eine Jause, ein Neuner, ein Z'nüni, ein Marend, ein Gabelfrühstück — und was man hierzulande alles an Namen für eine Zwischenmahlzeit bereit hat — nicht wünschen. Erfinder der Holzteller waren Waldarbeiter. Sie schnitten sich die schönen runden Scheiben von frisch gefällten Tannen, um darauf ihren Jausenspeck schneiden zu können. Je harziger die Scheiben dufteten, je beliebter waren sie.

*Je 8 Scheiben Speck,
Rindsgeselchtes, Kamin- oder
Schwarzwurz'n, Essiggurkerln,
Radieschen, 2 Eßlöffel Kren
(Meerrettich), 150 g Butter, Salz,
Zitronensaft und 1 Eßlöffel
gemahlene Wacholderbeeren*

Räucherscheiben schön auflegen, mit Essiggurkerln, Radieschen und frisch gerissenem Kren servieren.
Butter schaumig rühren, mit Salz, Zitronensaft und frisch gemahlenen Wacholderbeeren würzen. Dazu frisches Bauernbrot oder *Vintschgerln* (kleine Brote aus Roggenmehl und Sauerteig).

Räucherzunge mit Dillekartoffeln

Die Dille, die hier den Kartoffeln den besonderen Geschmack verleihen soll, war bereits den alten Ägyptern bekannt und fand schon sehr früh in die Medizin und in den Volksglauben gar als Beschwörungsformel Eingang. „Im Schuh ein Sträußerl Dill, und mein Eidam muß tun, was ich will", sangen die Bräute auf dem Weg zur Kirche vor sich hin.
Die Stengel der Dillpflanze können bis zu über einem Meter hoch werden. Man verwendet sowohl das Kraut wie auch die Samen der Pflanze als Gewürz.

1 geräucherte Rindszunge, 100 g Suppengrün, 1 kleine Zwiebel, 60 g Butter, 40 g Mehl, 1 Liter Rindssuppe, 1 Bund Dille, Zitronenschale, Salz, Pfeffer, ein Spritzer Essig, 1/8 Liter Sauerrahm, 1 kg Kartoffeln

Rindszunge mit etwas Suppengrün langsam in Wasser weichkochen. Die feingeschnittene Zwiebel in Butter anrösten, Mehl einrühren und eine lichte Einbrenn zubereiten. Mit Suppe aufgießen, mit feingehackter Dille, abgeriebener Zitronenschale, Salz, Pfeffer und einem Spritzer Essig würzen, zu einer glatten Soße verkochen und Sauerrahm hinzufügen. Kleine, in der Schale gekochte, geschälte Kartoffeln hinzufügen, ganz kurz aufkochen und einige Minuten ziehen lassen. Zunge aus dem Wasser nehmen, schälen, in fingerdicke schräge Scheiben schneiden, auf die Dillekartoffeln legen und rasch servieren.

Reis Trauttmansdorff

Zu diesem Rezept, das an den österreichischen Staatsmann Ferdinand Graf Trauttmansdorff erinnert, sollten Sie frische Himbeeren verwenden. Albertus Magnus empfahl übrigens rohe Himbeeren zur Appetitanregung. Dazu werden Sie sie hier aber nicht brauchen, denn der aus der Form gestürzte Reis zieht alle Schleckermäuler ohnedies in seinen Bann.

1/2 Liter Milch, 125 g Reis, 1/4 Stange Vanille, 1/2 Teelöffel abgeriebene Zitronenschale, eine Prise Salz, 6 Blatt Gelatine, 80 g Zucker, 200 g frische Himbeeren, 1/16 Liter Maraschino, 1/4 Liter Schlagobers (Schlagsahne), Öl zum Auspinseln, 100 g Himbeeren

Milch erhitzen, Reis, Vanille, Zitronenschale und eine Prise Salz zugeben und ca. 40 Minuten langsam dünsten. Anschließend Vanillestange entfernen. Gelatine in kaltem Wasser fünf Minuten weichen, auspressen und mit dem Zucker in den fertig gekochten Reis einrühren. Auskühlen lassen. In den ausgekühlten Reis die in Maraschino gebeizten Himbeeren mischen und den steif geschlagenen Obers vorsichtig unterziehen. Puddingform mit Öl auspinseln, Masse einfüllen und in den Kühlschrank stellen. Nach einer Stunde den Reis stürzen, mit Himbeeren und etwas Obers dekorieren und mit einem Püree von frischen Himbeeren servieren.

Rindfleischsalat

Die immer wieder in vielerlei Rezepten verlangte Rindssuppe liefert viel gekochtes Rindfleisch. Manche meinen fast zuviel. Und so hat man sich längst Gedanken darüber gemacht, was man mit den kleineren Stückchen Suppenfleisch oder mit den Resterln anfangen könnte. Der Rindfleischsalat ist so eine Idee. Man kann ihn als Vor- oder Zwischengericht und als abendliche Hauptmahlzeit servieren.

400 g gekochtes Rindfleisch,
1 Zwiebel, 2 Essiggurkerln,
1 Eßlöffel Kapern, Salz, Pfeffer,
Essig, Öl, 3 harte Eier, rote und
grüne Paprikaschote, 1 Zwiebel,
Schnittlauch

Das Rindfleisch aus der Suppe nehmen, auf Küchenkrepp gut abtropfen lassen und kaltstellen. Das Fleisch feinblättrig schneiden, Zwiebel, Essiggurkerln und Kapern fein hacken, alles gut vermischen, mit Salz und Pfeffer würzen und mit Essig und Öl marinieren.
In einer Glasschüssel anrichten, mit Eischeiben, Ringen von grünen und roten Paprikaschoten und mit Zwiebelringen belegen, mit Schnittlauch bestreuen und zu Schnittlauchbutterbroten servieren.

Sachertorte

Das Rezept der Sachertorte, von Franz Sacher 1832 erfunden, stürzte ein Jahrhundert später ganz Wien in einen komischen Konflikt. Das Rezept war von einem Verwandten des Erfinders weiterverkauft worden, und seither stritten das weltberühmte Hotel Sacher und die weltberühmte Konditorei Demel um die Rechte. Nach einem langen Prozeß verglich man sich erst 1962. Seither ist das Hotel Sacher wieder im Besitz des Originalrezepts, und die Sachertorte aus dem Sacher trägt das „Sachersiegel" in der Schokoladeglasur. Die Demelsche Sachertorte nennt sich nun „Demel-Sachertorte". Das angegebene Rezept ist, wie alle Sachertorten-Rezepte, nur nachempfunden.

*150 g Butter, 150 g Schokolade,
100 g Staubzucker, 6 Eidotter,
6 Eiklar, 50 g Kristallzucker, 150 g
Mehl, eine Prise Salz, Marillen-
(Aprikosen-)marmelade.
Glasur: 200 g Schokolade, 200 g
Kristallzucker, 1/8 Liter Wasser*

Butter mit der im Wasserbad erweichten Schokolade schaumig rühren, Staubzucker und die Eidotter einrühren. 6 Eiklar und den Kristallzucker zu einem steifen Schnee schlagen. Abwechselnd mit dem – mit einer Prise Salz vermischten – Mehl vorsichtig unter die Schokolademasse ziehen. Teig in eine gebutterte und bemehlte Springform einfüllen und eineinhalb Stunden bei mittlerer Hitze backen. Die ersten 10 Minuten bleibt die Backrohrtüre einen Spalt offen. Nach dem Erkalten der Torte die Oberfläche mit heißer Marillenmarmelade bestreichen und mit der Schokoladeglasur überziehen. Zur Glasur bringt man Zucker mit Wasser zum Kochen, bis er Fäden spinnt, und rührt dann die im Wasserbad erweichte Schokolade vorsichtig ein. Den Guß sofort über die Torte ziehen.

Salat Metternich

In der Sprache der Köche aus der ersten Hälfte des 19. Jahrhunderts: „Klemens, Lothar, Wenzel Graf von Metternich, seit 1813 Fürst von Metternich-Winneburg brachte die Heilige Allianz zwischen Rußland, England, Preußen und Österreich zu Stande. Wollen wir also einen Salat nach ihm benennen, wo Huhn, Äpfel, Sellerie und Trüffeln allerfeinst zueinanderfinden."

Wie man weiß, hat der Salat die Allianz überdauert und auch den sinkenden Stern des Fürsten, der 1859 mehr ungeliebt als in seiner Bedeutung gewürdigt starb.

2 große säuerliche Äpfel,
1 Sellerieknolle, Saft einer Zitrone,
Salz, Pfeffer, 1 Eßlöffel Senf, etwas
Zucker, 4 Eßlöffel Mayonnaise,
1 gekochtes Huhn, 1 grüner Salat,
2 Tomaten, Trüffeln (aus der Dose)

Äpfel und die in gesalzenem Zitronenwasser weich gekochte Sellerieknolle schälen und feinnudelig schneiden, mit Salz, Pfeffer, Senf, Zucker und Mayonnaise gut verrühren, rasten lassen und kühlstellen. Das gekochte Huhn auslösen, ebenfalls feinnudelig schneiden und unter die Apfel-Sellerie-Masse mischen.

In einer Glasschüssel auf gutgewaschenen grünen Salatblättern anrichten, mit Tomatenvierteln garnieren und mit etwas gehackten Trüffeln bestreuen.

Salonbeuscherl

Hinter dem für viele unverständlichen Wort *Beuschel, Beuschl* oder *Beuscherl* verbergen sich die beiden Lungenflügel und das Herz eines Kalbes. Da das Beuschel im 20. Jahrhundert „salonfähig" wurde, taufte man ein besonders liebevoll zubereitetes Gericht *Salonbeuscherl.*

800 g Kalbslunge und Kalbsherz, Wurzelwerk (Karotte, Petersilie, Sellerie, Lauch), 1 Zwiebel, 1 Lorbeerblatt, Pfefferkörner, Thymian, Salz, 60 g Butter, 60 g Mehl, eine Prise Zucker, 2 Essiggurkerln, 1 Teelöffel Kapern, 1 Sardellenfilet, 1 kleine Zwiebel, 1 Knoblauchzehe, Petersilie, 1 Teelöffel Weinessig, 1 Eßlöffel Senf, Zitronensaft, Essig, Majoran, 2 Eßlöffel Obers (Sahne), 2 Eßlöffel Gulaschsaft

Kalbslunge und Herz mit dem grob geschnittenen Wurzelwerk, der halbierten Zwiebel, mit Lorbeerblatt, Pfefferkörnern, Thymian und Salz in ca. 2 Liter kaltem Wasser zustellen und 1 Stunde lang weichkochen. In kaltem Salzwasser abkühlen lassen. Butter, Mehl und eine Prise Zucker goldbraun rösten. Essiggurkerln, Kapern, Sardellenfilet, Zwiebel, Knoblauchzehe und Petersilie klein hacken, mitrösten, mit etwas Essig ablöschen und mit Beuschelsud aufgießen. Soße eine halbe Stunde vorkochen lassen, dann über das in Streifen geschnittene Beuschel passieren. Neuerlich aufkochen lassen, mit Senf, Zitronensaft, Essig und etwas Majoran abschmecken. Mit Obers verfeinern, heißen Gulaschsaft über der Mitte des angerichteten Beuscherls verteilen. Beilage: Palffyknödel, Polenta oder Grießblatteln.

Salzburger Nockerln

„Süß wie die Liebe und zart wie ein Kuß …"
Die berühmten und besungenen Nockerln, so
weiß die Fama zu berichten, wurden zum er-
stenmal um 1600 für den Salzburger Fürsterz-
bischof Wolf Dietrich gekocht. Vielleicht. Vielleicht auch nicht. Der Erzbischof, der seine Ge-
liebte, Salome Alt, zur Mutter von fünfzehn Kin-
dern machte und Schloß Mirabell für sie erbau-
en ließ, ging zwar als Genießer auch in die Kü-
chenliteratur ein, aber die Nockerln jener Tage
sahen noch ganz anders aus als heute. Kamen
doch auch die Vanilleschoten erst etwas später
nach Österreich.

5 Eiklar, 30 g Kristallzucker,
3 Eidotter, 1 Päckchen
Vanillezucker, Zitronenschale, 20 g
Mehl, 30 g Butter, 1 Eßlöffel
Zucker, 1/16 Liter Milch oder Obers
(Sahne), Vanillezucker

Die Eiklar zu einem sehr festen Schnee schlagen. Nach und nach den Zucker einschlagen,
dann Eidotter, Vanillezucker, etwas abgeriebene Zitronenschale und Mehl vorsichtig unterhe-
ben. Aus der Masse drei große, pyramidenför-
mige Nockerln formen und in eine feuerfeste,
gebutterte und mit Zucker ausgestreute Form
geben. Fünf Minuten im mittelheißen Rohr
backen, dann die mit Vanillezucker verrührte
Milch seitlich eingießen und 3 – 4 Minuten wei-
terbacken. Die Nockerln sollen innen noch etwas cremig bleiben. Sobald man sie aus dem
Rohr nimmt, überzuckern und sofort (in der
feuerfesten Schüssel) auf den Tisch bringen.

Saurüssel mit Linsen

Das traditionelle Essen in Neujahrsnächten, wenn man, frei nach Moses, wie weiland Esau das alte Jahr gegen ein Linsengericht für das Neue Jahr eintauschen will.
In der Neujahrsnacht möchte der Österreicher das Gute beschwören, und weil er ein Genießer ist, beschwört er es mit Messer und Gabel. Der Saurüssel steht für das Glück, die Linsen bedeuten Reichtum im ganzen Jahr, und der Kren bürgt für Gesundheit.

2 Saurüssel, Salz, 200 g Wurzelwerk (Karotte, Sellerie, Petersilie, Lauch), 1 kleine Zwiebel, 1 Lorbeerblatt, Pfefferkörner, Wacholderbeeren, 400 g Linsen, 50 g Butter, 2 Eßlöffel frisch gerissener Kren (Meerrettich)

Die Saurüssel im gesalzenen Wasser mit dem nudelig geschnittenen Wurzelwerk, mit Zwiebelringen und Gewürzen weichkochen. Linsen garkochen, Restwasser abgießen und frische Butter unterrühren. Das Fleisch der Saurüssel sorgfältig von den Knochen lösen, schön auflegen, mit Kren bestreuen und mit den Linsen servieren.

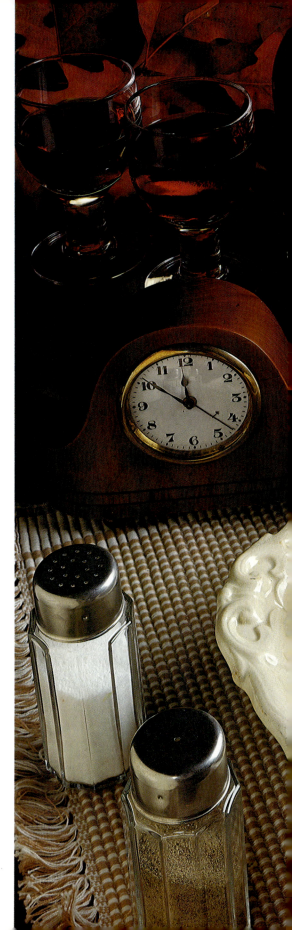

Gebackene Schinkenfleckerln

Als wär's ein Stück von Wien: Der gastronomische Regionalismus feiert mit den Schinkenfleckerln fröhliche Urständ. Sie sind der wienerische Ausweis für die Güte einer kochenden Hausfrau, für die Küche eines Beisls oder für einen Heurigen, der „warm kocht". Wehe dem Koch, der sich dazu versteigen würde, an Stelle des Schinkens die Reste vom Vortagsbraten zu verwenden.

200 g Eierteigfleckerln, Salz, 80 g Butter, 2 Eidotter, Salz, Pfeffer, Muskatnuß, 250 g gekochter Schinken, 1/8 Liter Sauerrahm, 2 Eiklar, Butter, Brösel

Eierteigfleckerln in reichlich Salzwasser 8 – 10 Minuten lang sprudelnd kochen, abseihen, mit kaltem Wasser rasch abschrecken und gut abtropfen lassen. Butter mit den Eidottern schaumig rühren, mit Salz, Pfeffer und etwas Muskat würzen. Die Fleckerln und den kleinwürfelig geschnittenen Schinken dazugeben, mit Sauerrahm gut durchmischen. Eiklar zu steifem Schnee schlagen und unter die Masse heben. Eine feuerfeste Form mit Butter ausstreichen und mit Bröseln bestreuen. Fleckerln einfüllen, ein paar Butterflocken aufsetzen, Bröseln über die Oberfläche streuen und im mittelheißen Rohr eine Dreiviertelstunde lang goldbraun backen. Die Schinkenfleckerln entweder direkt in der feuerfesten Form zu Tisch bringen oder portionsweise ausstechen. Mit grünem Salat servieren.

Tiroler Schlutzkrapfen

Es gibt Dutzende Rezepte, wie man *Schlutzkrapfen,* auch *Schlick-* oder *Schlipfkrapferln* füllen kann: mit faschiertem Fleisch oder kleingehacktem Hirn, mit Speckkraut oder Topfen, mit Spinat, mit Hühnerklein, mit Marmelade oder mit Kletzen (getrocknete Birnen). Man kann Schlutzkrapfen „zu Wasser oder zu Lande" essen, das heißt in der Suppe oder trocken. Nach einem der beliebtesten Tiroler Rezepte füllt man sie mit gut gewürztem Spinat. So werden sie auch zuweilen *Spinatkrapflan* genannt.

---

400 g Roggenmehl, 100 g Weizenmehl, 1 Ei, 3 Eßlöffel Öl, Salz, ca. 1/2 Liter lauwarmes Wasser.
Zur Fülle: 500 g Spinat, 40 g Butter, 1 kleine Zwiebel, 1 Eßlöffel gehackte Petersilie, 1 Eßlöffel Mehl, 1 Eßlöffel Milch, Muskat, Salz.
Zum Verfeinern: 50 g geriebener Käse, 50 g Butter

Aus Mehl, Ei, Öl, Salz und Wasser einen glatten Teig kneten, dünn austreiben und mit einem Glas oder einer Form *Blatteln* von 6 – 7 cm Durchmesser ausstechen. Spinat in Salzwasser kochen und passieren. Butter erhitzen, die kleingehackte Zwiebel und die Petersilie hinzufügen, Mehl einrühren, etwas anbräunen, salzen, mit Milch aufgießen, würzen und unter den passierten Spinat mischen.
Nun auf jedes Teigblatt ein Löffelchen Spinat geben, den Teig zur Hälfte darüberschlagen und die Ränder fest zusammendrücken. Die Krapfen in kochendes Salzwasser legen, sobald sie an die Oberfläche steigen, herausnehmen, gut abtropfen lassen, mit geriebenem Käse bestreuen und mit brauner Butter übergießen.

Schnecken am Spieß

Je strenger hierzulande die Fasttage eingehalten wurden – und es gab einmal 148 im Jahr –, desto mehr ging der Stern der Weinbergschnecken auf und desto freundlicher entsann man sich der Römer, die erstmals Schnecken züchteten, und der mittelalterlichen Klöster, die die römischen Ideen aufgriffen. Weinbergschnecken gediehen vor allem in den feuchten Gegenden des östlichen Niederösterreich so gut, daß alljährlich Hunderte Tonnen nach Frankreich exportiert werden konnten. Mit der Lockerung der Fasttage sind die Schneckengerichte weitgehend von den Speisezetteln verschwunden. Dennoch würde es sich einmal lohnen, Schnecken „nach Großmutterart" zuzubereiten.

4 Dutzend Schnecken, frisch oder aus der Dose, 1 Lorbeerblatt, Thymian, Salz, Pfeffer, Knoblauch, 40 g Butter.
Backteig: 125 g Mehl, 1/8 Liter Weißwein, Salz, 2 Eier, 1 Eßlöffel Öl.
Öl zum Backen, Petersilie, 1 Zitrone

Die in leicht gesalzenem Wasser mit Lorbeerblatt und Thymian gekochten Schnecken auskühlen lassen, mit Salz, Pfeffer und Knoblauch würzen und in Butter leicht anbraten. Aus Mehl, Weißwein, Salz, Eiern und Öl einen glatten Backteig rühren. Die erkalteten Schnecken auf kleine Spießchen (Zahnstocher) stecken, durch den Backteig ziehen und in heißem Öl goldgelb backen. Man garniert sie mit Petersilie und Zitronenscheiben. Mit grünem Salat und einer Sauce tartare servieren.

Schwammerl-gulasch

Károly Gundel, ein Altmeister der ungarischen Küche, sagte einmal: „Ohne meinen ausländischen Kollegen nahetreten zu wollen, muß ich feststellen, daß sie das edle Gulasch zumeist diskreditieren." Von seinem Standpunkt aus betrachtet mag er ganz recht haben, doch nachdem das Gulasch (auch *Gollasch* genannt) einmal eingewandert war, liebte man es in Österreich so heiß, daß man auch an Fasttagen nicht darauf verzichten wollte. Man nahm eben an Stelle von Rind-, Schweine- oder Kalbfleisch ganz einfach Eierschwammerln (Pfifferlinge).

80 g Butter, 1 Eßlöffel gehackte Petersilie, 1 kg Eierschwammerln, Salz, Pfeffer, etwas Paprika, 40 g Mehl, 1/4 Liter Sauerrahm

Gehackte Petersilie in heißer Butter leicht anrösten, kleine, gut geputzte halbierte Eierschwammerln dazugeben, salzen, pfeffern, mit etwas Paprika bestreuen und weichdünsten. Zuletzt mit Mehl stauben, kurz durchrösten, etwas Wasser aufgießen, noch einmal langsam aufkochen lassen, den Sauerrahm einrühren und abschmecken.
Eine gute Beilage: In Scheiben geschnittener Serviettenknödel mit aufgesetzten Spiegeleiern.

Schweinsjungfer im Schlafrock

Als Fleischlieferant steht das Schwein seit gut hundert Jahren überall hoch im Kurs. Das Fleisch wird zwar auf vielerlei Art gewürzt und sorgfältig zubereitet, aber den Sprung in die „feine Küche" erreichten Gerichte aus Schweinefleisch ungerechterweise nur höchst selten. Versuchen Sie es einmal mit der „Jungfer", das ist ein Stück vom Schweinslungenbraten, beziehungsweise das Filet. Und dieses saftige Stück vom Schwein hüllen Sie in einen „Schlafrock" aus Blätterteig mit einer delikaten Champignonauflage.

---

1 Paket tiefgekühlter Blätterteig,
1 Schweinsfilet, 40 g Butter, Pfeffer,
Rosmarinpulver, Salz, 40 g Butter,
1 Eßlöffel gehackte Petersilie, 300 g
Champignons, 20 g Mehl,
4 Schinkenscheiben, 1 Ei

Tiefgekühlten Blätterteig auftauen und messerrückendick ausrollen. Schweinsfilet in Butter fast fertig braten und mit Pfeffer, Rosmarin und Salz würzen. Anschließend aus der Pfanne nehmen und auskühlen lassen. Butter erhitzen, Petersilie leicht anrösten, die geputzten, in Scheiben geschnittenen Champignons dazugeben, in Butter weichdünsten und anschließend auf das Filet streichen.

Auf dem ausgerollten Blätterteig die Schinkenscheiben verteilen, das Filet im Teig einwickeln, so daß die mit Wasser zusammengeklebte Teignaht unten zu liegen kommt. Auf ein gefettetes Blech legen, mit den Teigresten Verzierungen anbringen und den Teig etwas einstechen. Die Oberfläche mit aufgeschlagenem Ei bestreichen und die Jungfer ca. 25 Minuten im heißen Backrohr backen. Mit Krautsalat servieren.

Sellerie in Weinteig

Als Sellerie erstmals unter Karl dem Großen unter den Kulturpflanzen im deutschsprachigen Raum auftauchte, hatte er bereits eine mehrtausendjährige Geschichte hinter sich. Die alten Ägypter verehrten ihn, die Griechen nannten ihn *selinon* und gründeten Selinunt mit einem Sellerieblatt im Wappen, und die Römer widmeten ihn dem Gott der Unterwelt und pflanzten ihn auf Gräbern. Heute ist er für uns wichtig, da Knollen und Blätter wertvolle Mineralsalze und Vitamine enthalten.

2 – 3 Sellerieknollen je nach Größe, Zitrone, Salz, 2 Eier, 1/8 Liter Wein, 150 g Mehl, Öl zum Backen

Die Sellerieknollen werden in fingerdicke Scheiben geschnitten und in Salzwasser mit einem Spritzer Zitrone weichgekocht. Anschließend herausheben und gut abtropfen lassen. Aus Eiern, Wein und Mehl einen glatten Weinteig bereiten, die ausgekühlten Selleriescheiben eintauchen und rasch in heißem Öl schwimmend ausbacken. Sofort servieren. Dazu gibt man Sauce tartare und feingeschnittenen gekochten Schinken.

Tiroler Speckknödel

In die alten, ausschweifenden Kochbücher für „feine Leut" paßten die Speckknödel nicht. Sie waren nicht gesellschaftsfähig an Fürstenhöfen, und selbst in den bürgerlichen Kochbüchern verniedlichte man sie schamhaft zu *Knöderl* und ließ sie nur am Rande als Suppeneinlage gelten. Das rächt sich jetzt, denn all die bloß etwas erweiterten Suppenknödelrezepte werden den Original Tiroler Speckknödeln, die mit ein wenig Phantasie bereits auf einem Fresko in Hocheppan aus dem 12. Jahrhundert zu sehen sind, keineswegs gerecht. Ein Hausfrauentip aus Tirol: *A Mordstrum Schpeck muasch nemmen ...*

400 g Bauernspeck, 100 g geräucherte Wurst, 500 g Knödelbrot (Weißbrot- oder Semmelwürfel), 5 Eier, 1/4 Liter Milch, 1 Eßlöffel gehackte Petersilie, Mehl, Salz

Speck und Wurst kleinwürfelig schneiden und mit dem Knödelbrot vermischen. Eier mit Milch aufschlagen, gehackte Petersilie dazugeben und über die Brot-Speck-Masse gießen. Durchmischen, 10 Minuten stehen lassen, dann mit Mehl binden und salzen.
Mit nassen Händen Knödel formen und 10 – 15 Minuten langsam in Salzwasser kochen. Am besten legt man zuerst einen Probeknödel ein, um festzustellen, ob der Teig nicht zu locker oder zu fest geraten ist. Im ersten Fall hilft man sich durch Untermischen von etwas Mehl oder Knödelbrot, im zweiten durch Zugabe von Milch. Bodenständiger Rat fürs Servieren: *Den erschtn Knedl ißt ma mit Suppn, den zwoaten mit Kraut und die negschtn mit Salat.*

Tafelspitz mit Apfelkren

Schon vor mehr als hundert Jahren teilten die Wiener jeden Ochsen amtlich in 22 verschiedene Güteklassen ein. Damit begann ein wahrer Rindfleischkult, und die saftigen Mast- oder Weideochsen, vor allem aus Ungarn, lösten mit ihren Tafelspitzen oder Kavalierspitzen, mit ihren Kruspelspitzen und Schulterscherzerln und den restlichen 18 schier unverständlichen Varietäten heftige Küchenkriege aus. Gourmets schieden sich vor allem bei gekochtem Rindfleisch in etwa dreizehn verschiedene Lager. Da Kaiser Franz Joseph zu den vehementesten Tafelspitzanhängern zählte, hat auch dieses *Gustostückerl* aus dem Hinterviertel des Ochsen den meisten Ruhm auf sich gehäuft.

1 1/2 kg Tafelspitz, 1/2 Zwiebel, 1 Karotte, 1 fingerlange Stange Porree, 1 Petersilwurzel, 1 Scheibe Sellerieknolle, 8 Pfefferkörner, Salz. Apfelkren: 3 große Äpfel, 1 Zitrone, Salz, etwas Zucker, 2 Eßlöffel frischgerissener Kren (Meerrettich), Schnittlauch

Den Tafelspitz in reichlich kochendes Wasser legen. Zwiebel fein schneiden, kurz anrösten und mit den geschälten, nicht zerteilten Wurzeln, den Pfefferkörnern und etwas Salz nach einer halben Stunde Kochzeit dem Fleisch beigeben. Bei mäßiger Hitze 2 Stunden kochen lassen. Den fertigen Tafelspitz aus der Suppe nehmen, quer zur Faser in Scheiben schneiden, anrichten, mit etwas Suppe übergießen, mit Schnittlauch und Wurzelwerk garnieren.
Apfelkren: Äpfel schälen, entkernen, reiben und sofort mit Zitronensaft, Salz, einer Spur Zucker und dem gerissenen Kren vermengt zu Tisch bringen. Beilage: g'röstete Kartoffeln.

Falscher Thunfisch

Die Kapern und Sardellen, die in diesem Rezept eine so wichtige Rolle spielen, gingen im Laufe des 18. Jahrhunderts in die österreichischen Kochbücher ein. Seither gibt es eine Vielzahl von Rezepten mit beiden Zutaten, und besonders die Sardellen sind aus altösterreichischen Rezepten kaum wegzudenken.
Von den Kapern, die man in fünf Größen einteilt: in Nonpareilles, Surfines, Fines, Mifines und Communes, gelten die kleinen Nonpareilles als die besten.

---

500 g Kalbsschlegel, 1 Lorbeerblatt,
Pfefferkörner, Salz, 1 Karotte,
1 Petersilwurzel, 6 Sardellenfilets,
2 Eßlöffel Kapern, 1/8 Liter Öl

Kalbsschlegel in heißes Wasser einlegen, Gewürze und Wurzelwerk dazugeben und langsam garkochen. Fleisch aus der Suppe nehmen und abkühlen lassen. Sardellen fein hacken, Kapern dazugeben und mit einem Achtelliter Öl gut aufschlagen.
Das kalte Kalbfleisch in dünne Scheiben schneiden, auf einer Platte mit niedrigem Rand auflegen und die Sardellensoße so übergießen, daß das Fleisch bedeckt ist. 12 Stunden an einem kühlen Platz rasten lassen. Anschließend die Fleischscheiben aus der Marinade nehmen, etwas abtropfen lassen und auf grünem Salat – mit einer Garnitur aus Fliegenpilzchen, die man aus harten Eiern, Tomaten und Mayonnaise herstellt – anrichten.

Topfenknödel mit Zwetschkenröster

In Österreich gibt es zwar keine Tiger, aber es gibt Zweibeiner, die man *Mehlspeistiger* nennt, weil sie mit wahrer Leidenschaft über all die süßen Sachen herfallen. Es gibt andererseits aber Mehlspeisen, die gar keine Mehlspeisen sind, wie etwa ein Reisauflauf. Es gibt auch Mehlspeisen, die gar nicht süß sind, wie etwa Teigfleckerln, und es gibt Mehlspeisen, bei denen das Mehl durch Weißbrot ersetzt wurde, und zu diesen gehören die Topfenknödel.

60 g Butter, 4 Eier, 100 g Zucker, Vanillezucker, Zitronensaft, eine Prise Salz, 120 g Weißbrot, 500 g Topfen (Quark), 2 Eßlöffel Sauerrahm, 50 g Butter, 100 g Semmelbrösel, Staubzucker. Zwetschkenröster: 1/2 kg Zwetschken, 10 g Zucker, Zimt, Zitronensaft, Rum

Butter mit Eiern, Zucker, Vanillezucker, etwas Zitronensaft und einer Prise Salz schaumig rühren. Das entrindete, würfelig geschnittene Weißbrot und den mit Sauerrahm verrührten cremigen Topfen dazugeben und gut durchmischen. Die fertige Masse 1 Stunde an einem kühlen Platz rasten lassen, dann mit feuchten Händen kleine Knödel formen, in kochendes Salzwasser legen und zur Hälfte zugedeckt etwa 10 Minuten lang leicht kochen lassen. Die fertigen Knödel herausheben, auf Küchenkrepp etwas abtropfen lassen, in mit Butter gerösteten Semmelbröseln vorsichtig wälzen und mit Staubzucker überpudern. – Zwetschkenröster: Die reifen Zwetschken werden halbiert, entkernt, mit Zucker, Zimt, etwas Zitronensaft und einem Teelöffel Rum in einer heißen Pfanne so lange gerührt, bis sich die Schalen einzurollen beginnen und die Früchte etwas zerfallen.

Topfen-palatschinken

Ein Tip, wie Sie hauchdünne Palatschinken bereiten können, ohne Gefahr zu laufen, daß sie zerbrechen: Backen Sie die Palatschinken im Rohr und lassen Sie die erste Palatschinke durch bloßes Kippen der Pfanne auf ein Stück Alufolie gleiten. Decken Sie die Palatschinke dann mit Alufolie ab und türmen Sie die nächste darüber. Jede Palatschinke können Sie dann mit der Folie leicht hochheben, füllen und zusammenrollen.

6 Eier, 1/4 Liter Milch, 1/8 Liter Sodawasser, 4 Eßlöffel Mehl, eine Prise Salz, Butter zum Ausbacken. Fülle: 40 g Butter, 50 g Staubzucker, 3 Eidotter, 300 g Topfen (Quark), 3 Eßlöffel Sauerrahm, 60 g Rosinen, Zitronenschale, 1 Paket Vanillezucker, 3 Eiklar. 1/8 Liter Milch, 1 Ei, Vanillezucker, Staubzucker

Aus Eiern, Milch, Sodawasser, Mehl und Salz einen glatten, dünnflüssigen Teig herstellen. In einer flachen Pfanne Butter erhitzen, einen Schöpfer voll Teig (etwa 1/8 Liter) in die Pfanne eingießen und auslaufen lassen. Im Backrohr goldgelb backen. Fülle: Butter mit dem Staubzucker und den Eidottern schaumig rühren, den passierten Topfen, den Sauerrahm, die Rosinen, etwas abgeriebene Zitronenschale, den Vanillezucker und den steif geschlagenen Schnee untermischen.
Palatschinken füllen, entweder rollen oder zu Dreiecken falten, in eine gebutterte, feuerfeste Form einlegen und im heißen Rohr kurz anbacken. Milch, Ei und Zucker versprudeln, über die Palatschinken gießen und etwa in 20 Minuten fertigbacken. Mit Zucker bestreut servieren.

Steirisches Verhackert's

Knoblauch oder steirisch *Knofel,* der beim Ver-
hackert's eine so wichtige Rolle spielt, kam
durch Kaiser Nero ins Gespräch. Der grausame
Römer verschlang Unmengen davon, um eine
schöne Singstimme zu bekommen. Die ärztli-
che Verschreibung ging anscheinend daneben,
denn es heißt, „er röhrte weiterhin wie ein hei-
serer Hirsch", und so erscheint uns nur der Rat
des römischen Epigrammdichters Martial von
einigem Wert: „Hast du Knoblauch gegessen
… küsse nur mit geschlossenem Mund."

500 g luftgeselchter Bauernspeck,
Salz, Pfeffer, Kernfett, Knoblauch

Die Schwarte abziehen und den Speck sehr
klein – etwa erbsengroß – hacken. Salzen, pfeffern, fest durchmischen und in einen mit Fett
ausgestrichenen Steinguttopf pressen. Etwas
Kernfett heißmachen und über die Oberfläche
der Speckmasse gießen. Mit einem Tuch abdecken und etwa drei Wochen an einem kühlen Ort reifen lassen. Mit viel Knoblauch als Auf-
strich zu Schwarzbrot servieren.

Pochierter Waller mit Mandeln

Der Waller zählt zur Familie der Welse. Er kann bis zu 3 Meter lang und bis zu 25 Kilogramm schwer werden. Dieser größte einheimische Süßwasserfisch ist ein überaus plumper Geselle und verschlingt mit seinem Breitmaul vorwiegend Krebse, Fische, Frösche und Wassergeflügel. In Österreich kommt er vor allem in der Donau vor. Besonders beliebt bei den Fischern sind die jungen Tiere, da deren Fleisch noch sehr weiß und schmackhaft ist.

1 Zwiebel, 150 g Wurzelwerk (Karotte, Sellerie, Petersilie, Lauch), 40 g Butter, 800 g Waller in Scheiben geschnitten, Salz, Pfeffer, 1 Lorbeerblatt, 4 dl Weißwein, 80 g Butter, 100 g Mandelspäne, 1/8 Liter Obers (Sahne), 1 Eßlöffel gehackte Petersilie

Die in Ringen geschnittene Zwiebel und das feingeschnittene Wurzelwerk in Butter dünsten und in eine feuerfeste Form einlegen. Die mit Salz und Pfeffer gewürzten Wallerscheiben darüberschichten, das Lorbeerblatt beigeben und den Weißwein eingießen. Bei mittlerer Hitze im Backrohr pochieren. Anschließend die Wallerscheiben aus der Form heben und warmstellen. In etwas Butter die Mandelspäne goldgelb rösten, mit dem Obers ablöschen, ganz kurz aufkochen und über die Wallerscheiben gießen. Mit Petersilie bestreut servieren. Als Beilage eignen sich Salzkartoffeln.

Wiener Schnitzel

Die Geschichte erzählt Geschichterln: Feldmarschall Graf Radetzky, emsig darauf bedacht, die Lombardei auch gegen den Willen aufmüpfiger Lombarden bei Österreich zu halten, sandte seinem Kaiser nicht nur militärische Dossiers, sondern auch einen lombardischen Koch, der die Geheimnisse der *Costoletta milanese* an österreichische Küchen verraten sollte. Die Lombardei ging Österreich zwar 1859 verloren, aber Wien annektierte jedenfalls das Schnitzel, und dieses trat als Wiener Schnitzel seinen Siegeszug in die Küchen der Welt an. Wo man es allerdings oft sehr verändert – und verschandelt – wiederfindet.

4 Kalbsschnitzel (aus der Kalbsnuß), Salz, 200 g Mehl, 2 Eier, 2 Eßlöffel Milch, 200 g Semmelbrösel, Fett oder Öl zum Backen, Zitrone, Petersilie

Die Schnitzel leicht klopfen, salzen, in Mehl wenden, durch die mit Milch versprudelten Eier ziehen und beidseitig leicht in die Semmelbrösel drücken. Die Schnitzel unmittelbar nach dem Panieren in heißem Fett oder Öl schwimmend auf jeder Seite goldbraun backen. Nach dem Backen kurz auf Küchenkrepp abtropfen lassen, mit Zitronenscheiben und Petersilie garnieren und sofort servieren.
Zum Wiener Schnitzel reicht man gemischten oder Kartoffelsalat.

Wiener Wäschermadeln

Die *Wäschermadeln* zählen zu den Wiener Originalen aus vergangenen Zeiten. Sie waren eher resch als süß, eher keck als schüchtern und eher rund als schlank. Die drallen, kerngesunden Mädchen mögen den Erfinder dieser Süßspeise zum Namen angeregt haben. Schließlich seien die Wäschermadeln wie die Marillen aus der Wachau gewesen, sagt man, „ein bissl herb, sehr g'schmackig und mit einem versteckten süßen Kern".

Backteig: 150 g Mehl, 1/8 Liter Weißwein, 2 Eidotter, 20 g Öl, eine Prise Salz, 2 Eiklar, 20 g Staubzucker.
16 reife Marillen (Aprikosen), 150 g Marzipan, 2 Eßlöffel Marillenbrand, Staubzucker, Öl zum Backen, Vanillezucker

Mehl, Wein, Dotter, Öl und Salz zu einem glatten Teig verrühren. Schnee mit Zucker steifschlagen und vorsichtig unter den Teig ziehen. Marillen waschen, schälen, entkernen und an Stelle des Kerns eine kleine Marzipankugel einschieben. Anschließend die Marillen überzukkern und mit etwas Marillenbrand beträufeln. Kurz rasten lassen, dann Marillen in den Backteig tauchen, in heißem Öl goldbraun backen und mit Vanillezucker bestreut servieren.

Wurzelkarpfen mit Kren

Karpfen kannte man in Österreich schon in der Pfahlbauzeit, aber erst im Mittelalter legten die großen – teilweise auch flußferne gelegenen – Klöster gepflegte Teiche an, um die Fische auf Vorrat zu halten und später auch um sie zu züchten. Im niederösterreichischen Stift Zwettl etwa beschäftigte man sich schon seit dem frühen 16. Jahrhundert mit der Karpfenaufzucht, und so ist es kein Wunder, daß das 1719 vom Hofkoch des Salzburger Fürsterzbischofs geschriebene Kochbuch allein sieben verschiedene Karpfenrezepte nennt. Heute ist der Karpfen vor allem am Heiligen Abend in Österreich fast auf jedem Familientisch zu finden.

1 kg Karpfen, 250 g Wurzelwerk (Karotte, Sellerie, Petersilie, Lauch), 1 Zwiebel, 1 Knoblauchzehe, Salz, Pfefferkörner, Lorbeerblatt, Thymian, etwas Zucker, 2 Eßlöffel Weinessig

Karpfen in Portionsstücke schneiden. Die Stücke zusammen mit dem feinnudelig geschnittenen Wurzelwerk, der gehackten Zwiebel und der gehackten Knoblauchzehe in eine mittelflache Kasserolle legen, würzen, mit Wasser aufgießen, Weinessig zugeben – der Fisch muß ganz von Wasser bedeckt sein – und alles zusammen langsam weichdämpfen. Fisch auf einer vorgewärmten Platte anrichten, mit dem gekochten Wurzelwerk gut bedecken und mit Salzkartoffeln und frisch gerissenem Kren (Meerrettich) servieren.

Die Rezepte nach Gruppen

Soweit in den Rezepten nichts anderes
vermerkt ist, sind die Zutaten für vier Personen
berechnet.

Die Rezepte alphabetisch

Bildquellen

Bibliothèque Nationale, Brüssel: 13 – Geiersperger/Merten: 6/7, 32 o. l.
Kunsthistorisches Museum, Wien: 15
Lessing/laenderpress: 8/9, 45 (Nationalmuseum, Budapest), 46/47 (Historisches Museum der Stadt Wien)
Löbl-Schreyer: 2, 10/11, 22/23, 28/29, 32 o. r., 32 u. l., 33 (3), 36 (6), 37, 39, 42 o. l., 42 u. r
42/43 (gr. Bild)
C. L. Schmidt: 26/27 – Pronto/Mauritius: 38 – roebild/Assmann: 42 o. r., 42 u. l.,
www.sigloch-edition-bildarchiv.com
Sigloch Edition Bildarchiv/Hans Joachim Döbbelin: 50/51, 54 – 203 alle Rezeptbilder/
G. Schmidt: 24/25

Staatliche Kunstsammlungen, Dresden, Gemäldegalerie Alte Meister/Gerhard Reinhold: 49 –
Theatermuseum, München/Joachim-Blauel-Artothek: 18/19